BIBLIOTHÈQUE D'ARCHÉOLOGIE AFRICAINE

PUBLIÉE SOUS LES AUSPICES DU

MINISTÈRE DE L'INSTRUCTION PUBLIQUE ET DES BEAUX-ARTS

FASCICULE II

ÉTUDE

SUR

LES RUINES ROMAINES

DE TIGZIRT

PAR

Pierre GAVAULT

PARIS

ERNEST LEROUX, ÉDITEUR

28, RUE BONAPARTE 28,

1897

BIBLIOTHÈQUE D'ARCHÉOLOGIE AFRICAINE

PUBLIÉE SOUS LES AUSPICES DU

MINISTÈRE DE L'INSTRUCTION PUBLIQUE ET DES BEAUX-ARTS

FASCICULE II

ÉTUDE

SUR

LES RUINES ROMAINES DE TIGZIRT

ANGERS, IMPRIMERIE DE A. BURDIN, RUE GARNIER, 4.

ÉTUDE

SUR

LES RUINES ROMAINES

DE TIGZIRT

PAR

Pierre GAVAULT

PARIS

ERNEST LEROUX, ÉDITEUR

28, RUE BONAPARTE 28,

—

1897

Pierre Gavault, architecte, inspecteur des édifices départementaux d'Alger,
est mort le 25 octobre 1895, sans avoir pu achever le mémoire dans lequel
il rendait compte des fouilles et recherches dont le Ministère de l'Instruction publique l'avait chargé à Tigzirt, en 1894-1895. Notre regretté ami a
exprimé le désir que cette publication fût faite par nos soins. Une grande
partie du travail était presque entièrement rédigée ; pour le reste, nous avons
trouvé en général des notes à peu près complètes. C'est dire que notre
tâche a été assez aisée. Nous sommes allé nous-même à Tigzirt, pour y faire
diverses vérifications et compléter certains plans et dessins. Les planches
que Gavault n'avait pas pu exécuter lui-même l'ont été par M. Francastel,
architecte. Comme le manuscrit que nous avions entre les mains n'avait
point, aux yeux de l'auteur, un caractère définitif, nous avons cru pouvoir
en disposer avec quelque liberté, faisant les additions et modifications qui
nous ont paru nécessaires. Nous avons essayé de faire ce que Gavault aurait
fait lui-même, s'il l'avait pu. Nous devons cependant prendre ici l'entière
responsabilité de quelques pages qui peuvent prêter à discussion : il s'agit
de celles où nous nous efforçons de déterminer la date de la construction de
la grande basilique (*Première partie*, chapitre v). Nous n'avons trouvé aucune
indication à ce sujet dans les papiers laissés par Gavault.

Stéphane GSELL.

ÉTUDE

SUR

LES RUINES ROMAINES DE TIGZIRT

Le village moderne de Tigzirt[1], fondé en 1888, occupe une partie de l'emplacement de la ville romaine de Rusuccuru. Cette identification, longtemps combattue[2], nous paraît établie d'une façon certaine par la découverte à Tigzirt de plusieurs inscriptions portant le nom antique[3].

Rusuccuru est citée par Pline l'Ancien, qui nous apprend qu'elle fut honorée du droit de cité par Claude[4]; Ptolémée la mentionne aussi[5]. Une inscription du commencement du iiiᵉ siècle la qualifie de municipe[6], et cette appellation se retrouve dans l'Anonyme de Ravenne[7]. D'autre part, Rusuccuru est appelée colonie dans l'Itinéraire d'Antonin[8] et sur la Table de Peutinger[9]. En outre, on a trouvé dans les ruines de Taksebt, qui sont situées à 3 kilomètres environ de Tigzirt et dont nous aurons à parler

---

1. On peut dire à volonté Tagzirt ou Tigzirt. Ce dernier nom a prévalu ; il signifie « la petite île », tandis que le premier veut dire simplement « l'île ».

2. En dernier lieu par Cat, *Essai sur la province de Maurétanie Césarienne*, p. 100-102.

3. *C. I. L.*, VIII, 8995; Pallu de Lessert dans le *Bulletin des Antiquaires de France*, 1889, p. 176, nº 1, et 178, nº 6; Gavault, *Bulletin archéologique du Comité*, 1894, p. 279, nº 4.

4. *Hist. nat.*, V, 2, 20 : *Rusucurium civitate honoratum a Claudio.*

5. Livre IV, 2, 8: Ρουσοχχόρου.

6. *C. I. L.*, 8995.

7. Livre V, 4.

8. P. 7 et 16, édition Parthey et Pinder.

9. *Rusuccuru colon(ia)*, avec l'indication de deux tours.

plus tard, une inscription contenant l'ethnique *Rusuccuritanus*[1],
et une autre mentionnant uň *quaestor coloniae*[2]. De ces documents, M. Pallu de Lessert a conclu avec quelque vraisemblance[3]
que le nom de Rusuccuru était commun aux deux villes dont
les ruines se voient à Taksebt et à Tigzirt, mais que la première
était une colonie, instituée par Claude, et la seconde un municipe, qui existait certainement au temps de Septime Sévère.

Les Actes de sainte Marcienne, mise à mort à Césarée à une
époque inconnue, nous apprennent que la jeune martyre était
originaire de Rusuccuru[4]. Les listes épiscopales nous font connaître les noms de plusieurs évêques de la cité. Ce sont : en 411,
Fortunatus, catholique, et Optatus, son concurrent donatiste ; en
419, Ninellus ou Nicellus (Nigellus?) qui fut délégué au concile de
Carthage par ses collègues pour y représenter la province ; enfin
en 484, Metcun (Mettun?), qui fut envoyé en exil par le roi vandale
Hunéric[5]. On voit par ces textes que la ville eut, à l'époque chrétienne, une existence active ; l'inspection des ruines conduit d'ailleurs à la même conclusion, car, sur son territoire très peu étendu,
nous avons relevé déjà quatre églises, dont une peut compter
parmi les plus grandes et les plus belles de l'Afrique du Nord.

Les ruines de Rusuccuru étaient abandonnées depuis des
siècles lorsque les Français prirent possession du pays. Aussi
les vestiges de la cité antique étaient-ils très apparents. A plusieurs reprises, ils ont attiré l'attention des chercheurs[6], mais

---

1. *Comptes rendus de l'Acad. des inscriptions*, 1886, p. 273, n° 1 (= *Ephem.
epigr.*, VII, 481).

2. *Ibid.*, p. 273, n° 2 (= *Eph. ep.*, VII, 482). Lignes 6-7, nous lisons :
qu[aest(ori) quon]dam colon[iae].

3. *Comptes rendus de l'Acad. des inscriptions*, 1886, p. 274.

4. *Acta Sanctorum* des Bollandistes, I (au 9 janvier), p. 569.

5. Morcelli, *Africa christiana*, I, p. 268.

6. Barbier, dans la *Revue africaine*, I, p. 146 (extrait du journal *La Co-
lonisation* du 3 octobre 1856). En même temps que cette courte description,
Barbier publia une vue à vol d'oiseau qui n'est pas sans intérêt, bien qu'elle
renferme plus d'un erreur. — Berbrugger, *Revue afric.*, I, p. 497 (conf. *ibid.*,
p. 230) ; il ne s'occupe que de l'inscription du temple (*C. I. L.*, 8995). —
Thomas, *Revue afric.*, II, p. 445. — Devaux, *Les Kebaïles du Djedjera* (1859),
p. 337 (copie Barbier). — De Neveu, *Revue afric.*, VI, p. 75 ; VII, p. 314. —

c'est seulement à partir de 1886 que des fouilles méthodiques y furent pratiquées par MM. Bourlier, Pallu de Lessert et nous-même[1]. Le temple, l'édifice le plus visible, fut entièrement déblayé. Depuis lors, la construction du village français est venue rendre, il est vrai, plus facile l'accès des ruines, mais aussi faire disparaître bien des restes encore distincts il y a huit ans. M. Belloir, administrateur de la commune mixte de Dellys (qui n'a d'ailleurs jamais cessé d'être pour nous un collaborateur aussi dévoué qu'intelligent), a pu préserver la grande basilique et la ville byzantine. Mais le reste, livré aux constructeurs, a singulièrement souffert. Une basilique a complètement disparu, et l'on chercherait en vain son emplacement; une autre est rasée presque au niveau du sol : on n'a pu en sauver que quelques débris. Actuellement, le village s'élève entre les deux enceintes romaine et byzantine; la partie en deçà (du côté de la mer) forme la réserve, contenant, à la vérité, les principaux édifices promis à un prochain classement. Tout n'est donc pas perdu.

Nous verrons plus loin ce qu'il y a lieu d'ajouter aux descriptions déjà parues des ruines de Tigzirt[2]; pour le moment, nous ne considérerons que la grande basilique sur laquelle a porté notre effort principal.

Vigneral, *Ruines romaines de l'Algérie, Kabylie du Djurdjura* (1868), p. 20-27, dont la description est assez détaillée. — Cat, *Bulletin de Correspondance africaine*, I, p. 142-146. — Les inscriptions trouvées avant 1881 sont réunies au *Corpus*, n⁰ˢ 8995-9001.

1. Voir *Comptes rendus de l'Acad. des inscriptions*, 1886, p. 270-276; *Revue de l'Afrique française*, IV, 1886, p. 144-150; *Bull. des Antiquaires de France*, 1889, p. 174.

2. Les inscriptions que nous avons relevées récemment à Tigzirt ont été publiées dans les *Comptes rendus de l'Acad. des inscriptions*, 1894, p. 264-265 (communication de M. Héron de Villefosse) et dans le *Bulletin du Comité*, 1895, p. 278-280 et p. 304-307.

PREMIÈRE PARTIE

LA GRANDE BASILIQUE

Ce monument avait déjà frappé l'attention de plusieurs de nos devanciers, qui, sauf un ou deux d'entre eux, n'avaient pas su en reconnaître la véritable destination [1]. En 1888, nous nous rendîmes à Tigzirt en compagnie de MM. Bourlier et Pallu de Lessert, et nous fîmes pratiquer de nombreux sondages dans la basilique en question. Nous pûmes ainsi prévoir l'intérêt exceptionnel que devait offrir un déblaiement méthodique et complet de l'édifice. En octobre 1893, M. le ministre de l'Instruction publique, sur le rapport de M. Héron de Villefosse et la proposition de la Commission de l'Afrique du Nord, voulut bien affecter une somme de 1000 francs, bientôt portée à 1,500, aux fouilles archéologiques de Tigzirt, dont il nous confia la direction.

Par suite des mauvais temps qui marquèrent l'hiver, ce fut seulement en mai 1894 que nous pûmes commencer les fouilles ; elles ont été achevées au printemps de l'année 1895. Non seulement le périmètre de l'église proprement dite fut entièrement déblayé, mais l'extérieur de l'abside, les sacristies, le baptistère furent également explorés. La chapelle à crypte, située à cinquante mètres environ au sud de l'église, fut mise à découvert et des sondages furent pratiqués dans la basilique de la nécropole.

---

1. Barbier, *l. c.* et *Vue à vol d'oiseau* (où la basilique est indiquée sous le n° VI); De Neveu, *l. c.* (« grand monument en ruines, dont les colonnes sont accouplées et qui sans doute fut une église au temps passé »); Des vaux, *l. c.* ; Vigneral, *l. c.*, p. 22 (avec des erreurs); Cat, *l. c.*, p. 144.

Avant d'exposer en détail les résultats de ces fouilles, on nous permettra de remercier M. l'administrateur Belloir du concours qu'il a bien voulu nous prêter pendant la durée des travaux. Grace à lui, nous avons pu disposer d'un chemin de fer Decauville appartenant à la commune et d'un personnel laborieux et discipliné, recruté sur place et dirigé avec intelligence par M. Lehalle. Les difficultés à vaincre étaient en effet réelles ; le monument se composait de pierres de taille énormes dont beaucoup dépassaient un mètre cube et qui, en s'écroulant, ont couvert le sol d'un monceau de blocs d'un maniement singulièrement ardu. La couche de débris ainsi formée atteint par endroits jusqu'à 4 mètres d'épaisseur. Si l'on ajoute à cela la surface considérable à fouiller — plus de mille mètres carrés — et la présence sur trois côtés de chemins bordés d'arbres et qu'il nous était interdit d'encombrer, on concevra que le déplacement de 1000 à 1,200 mètres cubes de débris dans de telles conditions demandait une somme d'efforts appréciable.

I

DISPOSITION GÉNÉRALE DE L'ÉDIFICE

La grande basilique de Rusuccuru — nous pouvons dire la cathédrale, car il paraît certain qu'une église de cette grandeur a contenu le siège de l'évêque lui-même, — la cathédrale donc s'élève entre le rempart byzantin et le rempart romain, mais bien plus près de ce dernier, dont elle n'est éloignée que de quelques mètres (n° I de notre plan des ruines de Tigzirt, fig. 16, p. 92). Deux autres églises que nous connaissons dans la ville (n°ˢ K et J de notre plan) étaient placées de même. Souvent, en effet, ce fut dans les faubourgs, près des murs d'enceinte, que l'on plaça les édifices du culte nouveau. Sans doute, dans ces parties extrêmes

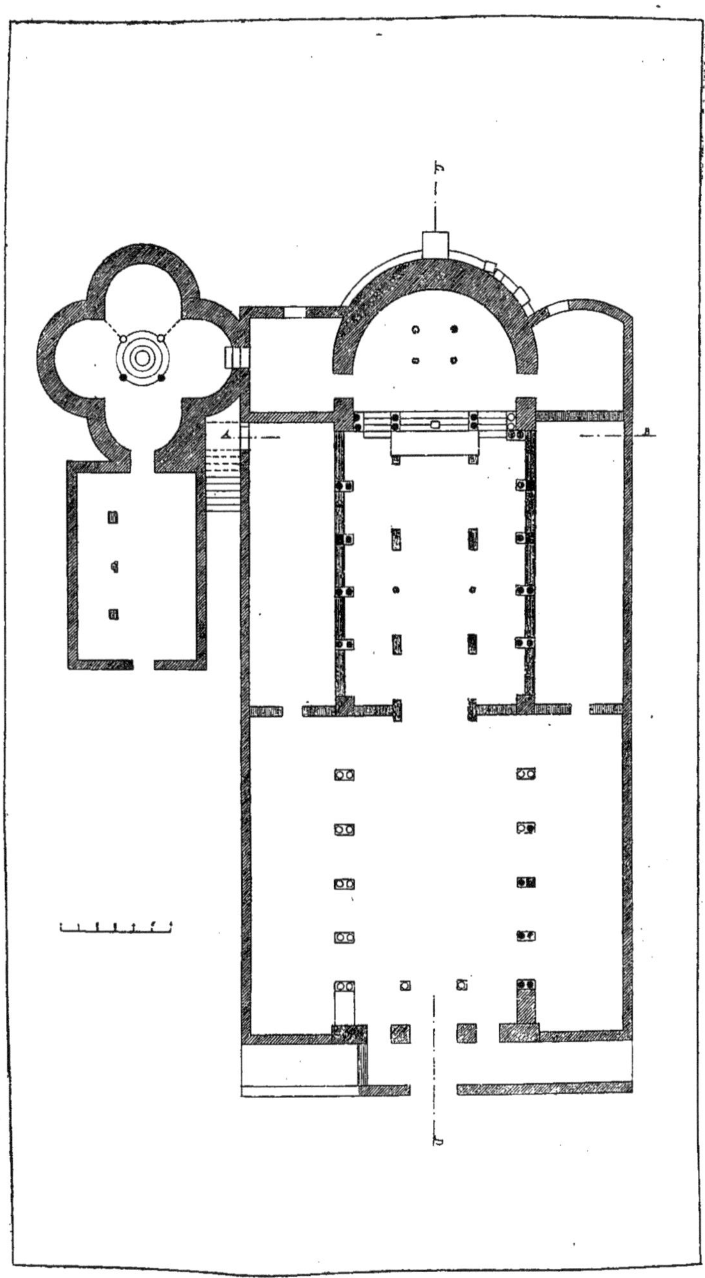

Fig. 1.

des cités, le terrain, moins disputé par les habitations, offrait encore des emplacements disponibles assez vastes. A Tipasa, l'église cathédrale est ainsi placée, mais avec cette circonstance aggravante que, par suite des nécessités de l'orientation, ce n'est pas l'abside, mais la façade principale qui regarde la muraille [1]. A Rusuccuru, au contraire, le portail paraît avoir donné sur une rue ou une place, comme l'indiquent les pavés, assez irréguliers d'ailleurs, qui recouvrent le sol au devant de l'entrée.

Le plan de l'édifice forme un vaste rectangle de 38 mètres de long sur 21 de large, sur lequel l'abside dessine une saillie en arc de cercle de 2 mètres environ. Sur la face gauche, est accotée une construction que nous aurons à étudier séparément, d'une silhouette très mouvementée et qui mesure 11 mètres sur 22 dans ses plus grandes dimensions.

L'axe longitudinal, conformément au rituel, est dirigé sur la ligne est-ouest. Cette orientation était facile à trouver à Rusuccuru, où les voies principales, comme dans la plupart des villes de la côte, suivaient généralement cette direction, qui était celle de la route même du littoral.

La construction des murs extérieurs est en petit appareil assez irrégulier, avec des chaînes en pierres de taille, distantes les unes des autres de $2^m,20$ à $2^m,70$. Il faut excepter la façade de la nef centrale, dont nous parlerons tout à l'heure, et les deux tiers du mur du sud. Cette partie est bâtie en pierres de taille de diffé-rentes grandeurs, rangées en assises mal ordonnées; çà et là de petits blocs bouchent les interstices. Nous ne saurions dire s'il y a en cet endroit un remaniement ou un procédé particulier de construction. La première hypothèse est plus probable.

La nef était séparée des bas-côtés, à droite comme à gauche, par une double colonnade. On sait que les basiliques chrétiennes sont, à cet égard, de quatre sortes : celles à colonnes simples, de beaucoup les plus nombreuses; celles à piliers carrés [2]; celles à

1. Gsell, *Mélanges de l'École de Rome*, XIV (1894), p. 359.
2. Par exemple, celles de Reparatus à Orléansville, de Sainte-Salsa à Ti-pasa, et la basilique principale du même lieu.

colonnes et piliers[1] ; celles à doubles colonnes, dont les exemples connus en Afrique sont encore peu nombreux[2]. La basilique de Rusuccuru appartenait à cette dernière catégorie ; il faut remarquer cependant que, dans les deux files les plus rapprochées des bas-côtés, des piliers prennent parfois la place des colonnes. — La nef étant la partie la plus élevée du bâtiment, celle où la portée était la plus grande, l'architecte a cru devoir lui donner une forte ossature : huit gros piliers en pierres de taille, — quatre dans la façade, deux au milieu, deux en avant de l'abside — dont les quatre plus petits ont un mètre de côté, la limitaient par des points solides destinés à assurer la stabilité de l'ensemble. Deux de ces piliers étant placés au milieu de la longueur, il s'ensuit que la nef est divisée en apparence en deux parties. Cette division est accentuée, actuellement, par la construction d'un mur transversal de très basse époque, qui s'est appuyé sur ces deux piliers. La disposition des piliers centraux, pour singulière qu'elle soit, n'est cependant pas sans exemple. La basilique de Saint-Clément à Rome est ainsi conçue et il est à remarquer que les travées y sont en même nombre qu'à Tigzirt[3].

La façade principale de notre église se composait d'une partie centrale en pierres de taille, correspondant à la nef, et où les murs ont un mètre d'épaisseur, et de deux parties latérales de $0^m,60$ seulement, correspondant aux bas-côtés. L'ossature de chacune de ces dernières parties est formée d'un pilier ou chaîne en pierre placée dans l'axe, entourée d'une maçonnerie de moellons si négligée que les ouvriers l'ont démolie en partie sans s'en apercevoir.

Aucune porte ne donne accès dans les bas-côtés ; au contraire, une triple baie s'ouvre sur la nef : ce sont trois portes en plein

---

1. Holtzinger, *Die altchristliche Architektur*, p. 39. — En Afrique, les grandes basiliques de Thelepte et de Theveste présentent des colonnes adossées à des piliers (*Annuaire de Constantine*, 1860, pl. V ; *Bull. du Comité*, 1885, p. 137).

2. Grande basilique de Timgad, récemment fouillée. — Basilique de Satafis (*Mélanges de l'École de Rome*, XV, p. 38).

3. Corroyer, *Architecture romane*, fig. 58.

cintre, celle du milieu large de 2ᵐ,50, les deux autres de 1ᵐ,65,
limitées par quatre gros piliers, dont nous avons déjà parlé, et
qui sont conservés à des hauteurs variables. Celui qui est à gauche de la porte centrale, le plus complet, jette une vive lumière
sur la disposition de toute la façade : nous en reparlerons plus
loin.

Ces trois portes n'avaient aucune feuillure, contrairement à l'u-
sage à peu près constant en Afrique. Celle du milieu possédait
un bâti lié à chaque piédroit par deux scellements d'une profondeur de 0ᵐ,06. Lorsque la porte était fermée, on la maintenait
de l'intérieur à l'aide d'une barre transversale qui paraît avoir
été un rondin de 0ᵐ,08 de diamètre sur 2ᵐ,65 de longueur. Cette
barre, lorsque l'on voulait ouvrir, ne rentrait pas en totalité
dans le mur (comme dans une porte latérale de la basilique de
Sainte-Salsa à Tipasa)[1], mais se mouvait dans une rainure horizontale creusée dans le côté gauche et était entièrement enlevée[2].
Il y avait sans doute deux vanteaux. — La porte de droite avait
un bâti fixé à chaque piédroit par un seul scellement en fer,
placé à 1ᵐ,35 de hauteur ; mais il y avait un second scellement,
aussi en fer, encastré dans le seuil lui-même. Là aussi, une
barre maintenait aussi le vantail, probablement unique. —
La porte de gauche avait deux scellements et une barre. Mais
elle ne comportait pas de pierre de seuil. Dans les pierres à niveau du sol qui remplacent ce seuil absent, on ne voit que deux
scellements, l'un intérieur, l'autre extérieur, sur la droite. Cet
indice semble déceler une baie condamnée que l'on n'ouvrait
point et qui n'était là que pour la symétrie. Bien plus, cette baie
a été murée à une époque postérieure. Il faut donc croire que
cette *porta sinistra* a bien peu servi, peut-être jamais. Les deux
autres étaient d'ailleurs bien suffisantes pour les besoins du public,
même aux jours de grandes cérémonies.

Nous avons dit que la partie centrale de la façade se compo-

1. Gsell, *Recherches archéologiques en Algérie*, p. 45.
2. Conf. Gsell, *l. c.*, p. 17, et p. 202 (fig. 43).

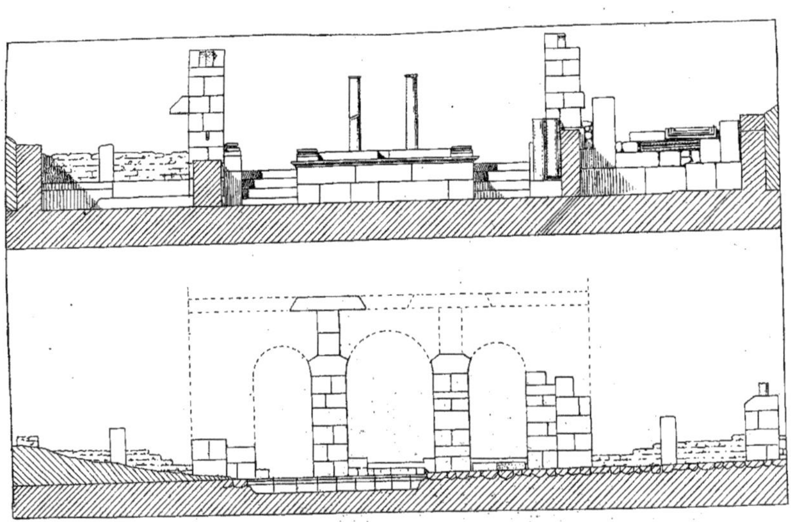

Fig. 2.

sait de quatre piliers. Les deux plus extrêmes ont 1ᵐ,85 de large
et se composent en réalité chacun de deux piliers, de 1 mètre et
de 0ᵐ,85, absolument distincts, dont les joints ne correspondent
même pas entre eux. Quelle était la raison d'une telle irrégularité? Un remaniement sans doute, mais lequel? Un examen atten-
tif des mesures va nous donner la vraie solution : les trois portes
avaient primitivement la même dimension, 2ᵐ,50, et les piliers
avaient tous quatre 1 mètre de large. En cours d'exécution ce
plan fut jugé trop grandiose : on rétrécit les portes latérales par
des contrepiliers, et, à l'intérieur, les deux doubles colonnades
furent rapprochées l'une de l'autre pour que leur position répon-
dît au rétrécissement des portes : ainsi la largeur projetée de la
nef fut quelque peu diminuée. Les assises de ces piliers de la
façade sont de fortes pierres de taille, variant de 0ᵐ,20 à 0ᵐ,57
de hauteur d'assise. Leur hauteur totale est de 2ᵐ,40. A ce niveau, était la naissance des arcs en plein cintre qui les reliaient
entre eux, comme le prouvent deux sommiers de départ encore en
place. Au dessus, tout l'ensemble de la construction deviendrait
hypothétique, si trois pierres n'étaient restées en place, par un
miracle d'équilibre, sur la pile placée à gauche de la porte principale. Ce sont d'abord deux blocs cubiques de 0ᵐ,60 et 0ᵐ,65 de
haut, placés dans l'axe, puis une pierre horizontale de 2ᵐ,20 de
long sur 0ᵐ,40 d'épaisseur, dont les côtés sont coupés obliquement à 45°. L'ensemble forme exactement la figure de la lettre T.
L'aspect est extraordinaire et nous aurions eu quelque peine à
l'expliquer, si nous n'avions retrouvé à terre, au pied même de la
façade, deux blocs de la même forme qui complètent l'ensemble
établi en pointillé sur notre élévation (voir fig. 2, en bas). Il faut
y reconnaître des espèces de claveaux dont le but est de soulager
les arcs sous-tendus, en reportant le poids sur les piliers. Ce sont
là des préoccupations constructives et une ingéniosité d'invention dont nous retrouverons d'autres exemples et qui contrastent
avec la barbarie de l'exécution.

Les sommiers d'arcades dont nous venons de parler reposent
eux-mêmes sur des assises non moins intéressantes de 0ᵐ,48 de

hauteur, et dont la face *in-térieure* au lieu d'être verti-cale est *inclinée en surplomb*. Ce sont donc des corniches ou des corbeaux. Si nous nous plaçons latéralement (voir la coupe longitudinale, fig. 3), nous remarquerons que ces assises d'encorbelle-ment occupent toute l'épais-seur des murs, tandis que les assises de dessus n'en tiennent que la moitié exté-rieure.

Pénétrons dans l'intérieur. A gauche, la colonnade a presque entièrement dis-paru, et il n'en reste que de vagues vestiges. A droite, cette colonnade existe en grande partie, mais elle est tombée à terre. En général, les colonnes, hautes de 2^m,95 à 3^m,05, n'ont pas de base : elles reposaient sur un dé à fleur de terre qui leur servait de fondement. On compte jusqu'au gros pilier six travées ; mais la pre-mière, plus courte que les autres (1^m,85), est bouchée par un large mur, qui est sans liaison avec les piles de la façade et dont la fonc-tion pouvait être simplement

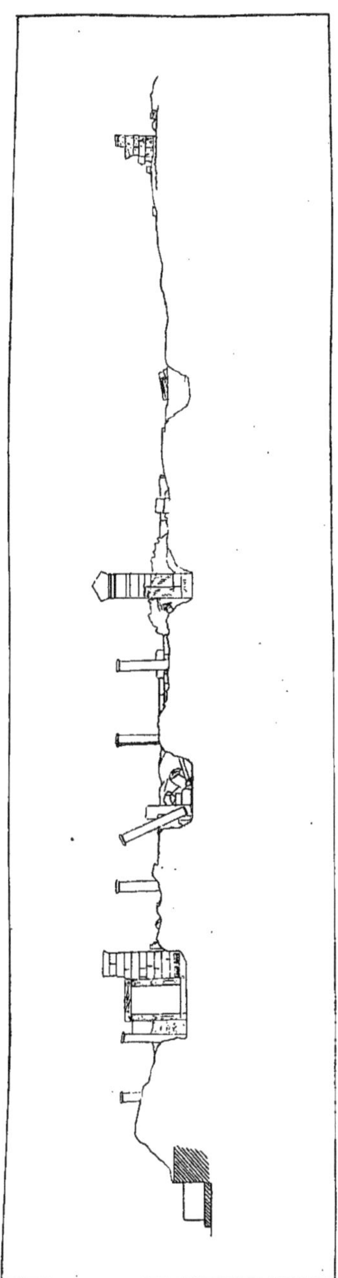

Fig. 3.

de contrebuter la première arcade[1]. Sur les ruines de ce mur s'appuyait, avant la fouille, une demi-colonne tombée. Le premier et le second groupe de colonnes doubles se retrouvent à terre; le troisième de même, mais avec cette particularité que la colonne de derrière était remplacée par un gros pilier carré. Dans un plan, un pareil artifice paraît grossier et d'un effet intolérable. Mais en exécution, il devait être fort peu apparent : la colonne de devant, faisant ombre sur le pilier, le cachait sans doute presque complètement. On doit se souvenir en outre que les édifices de cette époque, comme une grande partie de ceux du moyen âge, furent construits avec des matériaux antiques. A Tigzirt, le fait est évident. Un des inconvénients d'une telle méthode, c'est une irrégularité forcée, qui, souvent, il faut bien le dire, n'est pas d'un effet désagréable. Le groupe suivant se composait de deux colonnes, mais celle de devant a disparu. L'autre est intacte, bien que couchée à terre. Elle est tombée, entraînant avec elle l'arc tout entier. Grâce à cet heureux hasard, nous connaissons d'une façon certaine l'arrangement de celui-ci. Nous en reparlerons plus loin. — Le cinquième groupe n'existe plus; puis vient le pilier du centre, conservé dans toute sa hauteur. Comme ceux de la façade, celui-ci garde son couronnement, c'est-à-dire sa corniche-corbeau surmontée d'un double sommier, n'occupant (encore ici) que la moitié de l'épaisseur du mur, du côté de la nef. A partir des piliers jusqu'au fond, tous les groupes de colonnes, à droite comme à gauche de la nef, sont en place, plus ou moins inclinés sur leur dé, mais non tombés. Sur ces huit groupes (quatre de chaque côté), trois comportent un fût rond et une pile carrée, au lieu de deux fûts. On constate çà et là, dans la partie centrale, divers remaniements que nous aurons à examiner. Contre le mur de droite de l'abside, deux petites colonnes d'égale hauteur sont encore debout sur leur socle commun. Elles n'ont aucun rôle constructif et paraissent du reste être une addition postérieure : l'une d'elles est placée à l'envers.

---

1. Nous verrons plus tard que ce mur servait peut-être aussi à constituer une sorte de vestibule intérieur.

L'abside n'est pas de niveau avec la nef; elle est surélevée d'un mètre environ, et on y accède par deux escaliers, situés à droite et à gauche, de quatre marches chacun. Mais cette différence de hauteur n'a pas paru suffisante encore pour séparer les deux parties de l'église : une rangée de doubles colonnes, au nombre de huit, et formant trois travées, celle du milieu plus large, s'élève sur le mur d'appui. Cette disposition rappelle la colonnade placée sur le devant de l'abside de Saint-Pierre de Rome [1]; l'iconastase des églises grecques n'en est que le développement.

Examinons-la en détail. Six des bases sont encore à leur place. Les deux dernières à droite manquaient, mais elles ont été retrouvées d'une façon à peu près certaine [2]. Du côté des deux travées latérales, les bases de la seconde rangée portent des rainures verticales très soigneusement taillées, qui montrent de la façon la plus évidente que le haut des escaliers était fermé par une barrière dont les dormants étaient encastrés dans ces rainures, tandis que la partie centrale pouvait s'ouvrir à volonté. La travée centrale comportait aussi une clôture semblable, mais placée, celle-ci, entre les colonnes de devant [3]. Dans cette travée, trois trous sont percés dans le sol de l'abside : deux sont des encastrements de montants; celui du milieu, beaucoup plus grand, a dû recevoir un pilier en pierre, utile pour consolider la balustrade sur une aussi grande portée. Sous les bases, dans la partie centrale, court une corniche qui se retournait le long des escaliers. Elle se compose de morceaux hétérogènes, ayant à peu près même hauteur, mais de profils différents et provenant avec évidence de la démolition d'édifices antérieurs. — Devant la partie médiane de l'abside se dresse un massif en pierres de

---

1. H. Holtzinger, *Die altchristliche Architektur*, p. 155. — Au VIIIe siècle, Grégoire III doubla cette colonnade qui présentait primitivement six colonnes sur une seule file transversale.

2. Nous avons cru pouvoir les faire remettre à leur place.

3. La disposition des barrières (par conséquent des rainures) dans les travées latérales était imposée par l'emplacement de la dernière marche de l'escalier : voir le plan de l'église.

taille de même largeur, mais un peu moins haut; c'est un remaniement (voir chapitre v).

L'abside est, comme il arrive généralement, de forme circulaire. Le mur qui la limite n'a pas moins de 1 mètre à 1^m,60 d'é-
paisseur; il est construit en petits matériaux. Dans ce mur sont
percées, contre les piliers d'angle, deux portes encore visibles et
dont l'une est dans un bel état de conservation (voir l'ensemble
de la porte sur la coupe longitudinale, fig. 3). Chacune est
formée par trois blocs; sur la face desquels est sculpté un chambranle d'un profil classique assez correct et d'une bonne exécution. Nous avons figuré cette moulure sur notre fig. 10, n° 11.
Sur le linteau, on remarque trois trous de scellement fort petits,
où se plaçaient les crochets servant à supporter le rideau qui
masquait la porte.

Au milieu de l'abside, chose fort rare en Afrique, s'élevait
l'autel, sans doute en bois[1], car aucune trace n'en est restée,
sauf peut-être quelques débris de revêtement (menus fragments
de plaques de marbre, trouvés en ce lieu)[2]. Mais son emplacement nous est certifié par quatre colonnes en place, dont deux
intactes. Disposées en carré, elles formaient sans nul doute le
support d'un *ciborium*. Sortant du sol, où elles sont encastrées
sans l'intermédiaire d'aucune base, elles émergent de 1^m,60 seulement. En faisant fouiller à leur pied, nous avons constaté
qu'elles étaient plus ou moins brisées à la partie inférieure : c'est
ce qui a sans doute obligé à les encastrer ainsi.

Dans cette abside, on a trouvé un fragment sculpté, en marbre,
qui paraît provenir d'un pied de siège. Son épaisseur est de
0^m,05, sa longueur de 0^m,18. La face est décorée d'une élégante
palmette à trois branches, encadrée d'un liséré en saillie qui
suit la courbe des côtés. Ce fragment a pu être employé comme
moellon dans le mur; peut-être aussi a-t-il appartenu au siège
de l'évêque.

---

1. On sait qu'en Afrique les autels chrétiens étaient souvent en bois (Gsell,
Recherches, p. 29).
2. Leur appartenance à l'autel est du reste des plus douteuses.

Le sol de l'abside était formé par un béton fort médiocre, qui, actuellement, n'est plus qu'une poudre blanchâtre. Il s'ensuit que le niveau n'était donné que par les seuils et les marches d'arrivée des escaliers, et aussi par la découverte d'une très petite portion de la mosaïque, le long du mur arrondi.

Extérieurement et contre ce même mur, les fouilles nous ont révélé des contreforts[1]. Le plus important, celui de l'axe, est très large et consiste en pierres de taille assez bien ajustées : il paraît contemporain de la construction. Les deux autres, situés à droite de celui-ci, semblent avoir été bouleversés, ils sont fort irréguliers et ne font pas corps avec le mur. Par suite de la déclivité du terrain, le sol autour de l'abside se trouve beaucoup plus bas, non seulement que le sol de l'abside elle-même, mais que celui de la nef. Le mur de chevet avait de ce fait à supporter une poussée de terres de $1^m,65$ de haut. Aussi les constructeurs avaient-ils élargi ce mur, vers la base, par un empattement circulaire. La même raison explique l'existence des contreforts.

Les deux portes que nous avons décrites un peu plus haut donnent accès dans deux sacristies. Ce sont deux pièces à peu près carrées. Celle de droite est séparée du bas-côté correspondant par un mur très remanié. Il est très possible qu'il y ait eu là autrefois une porte. Ce qui est plus certain, c'est que cette sacristie possédait une autre porte donnant sur l'extérieur, porte dont un des piédroits est orné d'un chrisme gravé, de la forme dite constantinienne. L'évêque et son clergé pouvaient ainsi entrer et sortir sans traverser la partie occupée par les fidèles. Un pavement en mosaïque recouvrait le sol; le dessin en est bien conservé, sauf dans les parties où des tombes y ont été creusées. Cette mosaïque nous donne avec certitude le niveau du sol ancien, qui est beaucoup plus bas que celui de l'abside : il est à peu près de niveau avec celui du bas-côté. De l'abside, on devait y descendre par un escalier, sans doute en bois, qui, en raison de la matière dont il était fait, ne s'est pas conserve.

---

1. Conf. le contrefort placé derrière l'abside de la grande basilique de Tipasa : *Mélanges de Rome*, XIV, p. 358-359.

La sacristie de gauche est exactement symétrique, mais le mur
qui la sépare du bas-côté est bien construit et n'a pas été remanié ; de ce côté, il n'a jamais existé de baie. La sacristie a d'ailleurs, outre la baie de l'abside, une porte sur le dehors et une
porte latérale conduisant au baptistère. Le niveau est encore ici
différent de celui de l'abside (d'environ 1ᵐ,40). A cet endroit,
gisait, avant nos fouilles, un dessus de porte décoré de monogrammes chrétiens que Vigneral a déjà publié[1], et dont nous
donnons une nouvelle reproduction fig. 10, n° 5. Il est possible qu'il ait été placé au-dessus de la porte qui mettait en
communication l'abside et la sacristie de gauche. Cette arcade
aurait servi de décharge au linteau de la porte.

Notre basilique présentait-elle un vestibule, un *narthex*? A
2ᵐ,20 en avant de la façade, nous avons constaté la trace d'un
mur en moellons, avec chaînes en pierres de taille. Il s'inter-
rompt en face de la porte du milieu. Était-ce simplement une
clôture ne s'élevant qu'à hauteur d'appui, ou le front d'un vestibule ? Dans ce dernier cas, il aurait été relié à la façade de la basilique par un toit en charpente. Il est impossible de rien affirmer
en l'état actuel. Le mur transversal qui se détache de l'angle de
la porte de gauche est certainement un remaniement.

II

LA SCULPTURE

Peu de monuments de cette époque ont donné une aussi riche
moisson de sculptures architectoniques. Nous évaluons à deux
cents le nombre des pierres décorées que contenait l'édifice.
Cette abondante décoration se répartissait sur quatre sortes de
membres d'architecture : les chapiteaux, les dosserets, les arcs

---

1. Planche III, au milieu.

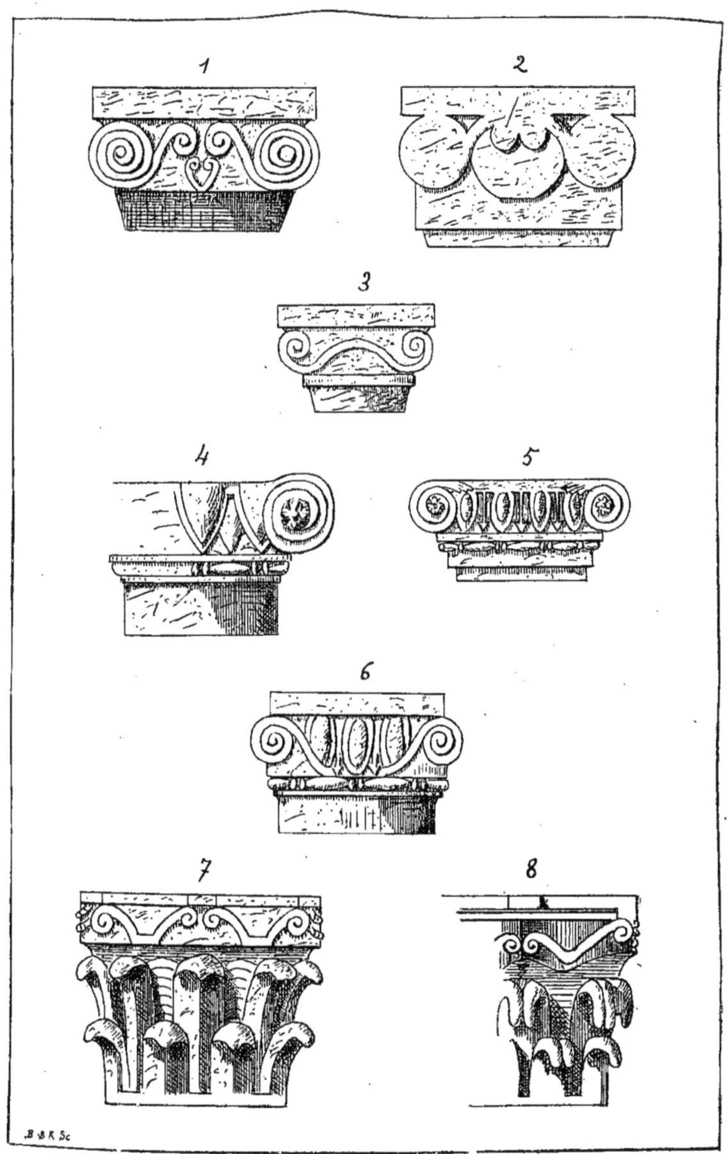

Fig. 4.

triangulaires et les corniches. Les troisièmes ont tous été spécialement taillés pour l'église ; il en est de même de la plupart des seconds ; parmi les premiers et les derniers, il faut distinguer ceux qui sont des remplois. En même temps que des chapiteaux de colonnes, nous parlerons des bases et des fûts.

Bases. — Elles appartiennent à la colonnade de l'entrée de l'abside ou aux colonnades supérieures dont nous parlerons plus tard, car les colonnes des deux doubles files inférieures reposent, nous l'avons dit, sur des dés. Presque toutes ces bases sont du profil attique et il en est sans doute bien peu qui n'aient pas été prises à des édifices antérieurs. Voir fig. 5, nos 8 et 9, et fig. 10, n° 14, (en bas, à droite). Les plus récentes sont probablement les moins refouillées, celles où le profil est le plus camard. Encore faut-il tenir compte de ce que le niveau de l'art n'a jamais été bien brillant à Rusuccuru. Les bases des colonnes du temple, du iii° siècle, sont déjà bien plates [1].

Chapiteaux. — La série des chapiteaux est beaucoup plus variée : les ordres dorique ou toscan, ionique et corinthien y sont représentés. L'ordre composite seul manque : on sait que cette ordonnance fut peu en faveur en Afrique, du moins le composite classique, celui de l'arc de Titus, car les Africains se sont donné carrière dans la création de composites inédits : tel celui du temple de Rusuccuru dont nous venons de parler [2].

Les chapiteaux toscans ne sont pas très nombreux ; nous en reproduisons quelques-uns, fig. 5, nos 1, 2, 3, et fig. 10, n° 9. Il semble que les constructeurs de la basilique les aient employés à peu près indifféremment comme bases ou comme chapiteaux. Nous estimons qu'on doit taxer de toscans tous ces chapiteaux ; le seul fait du remplacement de l'échine ou du quart-de-rond par une doucine renversée empêche absolument de les classer dans l'ordre dorique. Ils s'écartent d'ailleurs beaucoup du toscan de la Renaissance, qui est, comme l'on sait, une invention des maîtres de cette époque et n'a rien à voir avec le toscan antique. Tous

1. Voir *Revue africaine*, XXXV, p. 17.
2. *L. c.*

les chapiteaux de cette première série, sans exception, sont

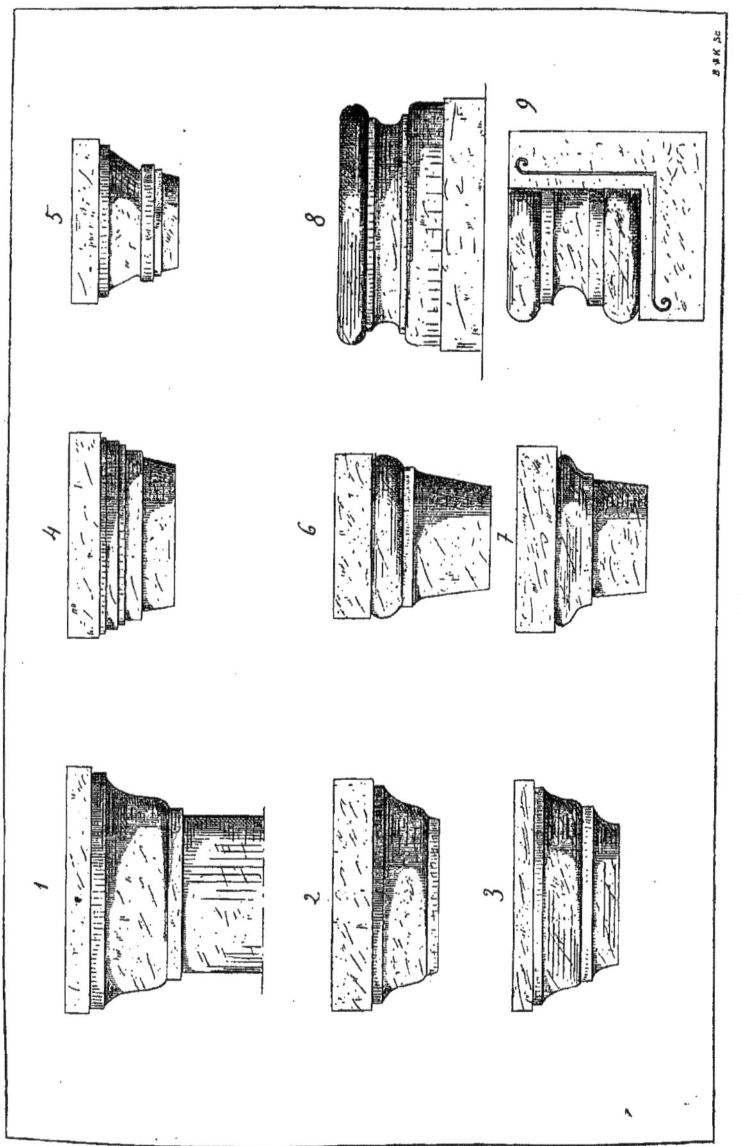

Fig. 5.

empruntés à des édifices antérieurs.

Les chapiteaux ioniques sont en plus grand nombre et surtout bien plus variés. Il semble que les Africains aient préféré cet ordre au corinthien, qui était, pour ainsi dire, l'ordonnance officielle de l'empire romain. L'origine de cette préférence peut s'expliquer, croyons-nous, par le fait que l'ionique est le seul type qu'ait connu l'art punique. Dans une contrée aussi profondément pénétrée de l'influence phénicienne que l'était la côte de Maurétanie, les usages de l'époque punique ont persisté ; au déclin de l'Empire l'art chrétien, essentiellement populaire, revint aux thèmes anciens, en croyant peut-être faire du nouveau. Nous dirions qu'il y eût alors une sorte de *renaissance punique*, si le terme n'était pas trop fort pour une manifestation d'art dont la valeur intrinsèque n'est pas grande et qui, d'ailleurs, n'eut pas de lendemain.

A ce point de vue, deux types, les n°s 1 et 2 de la fig. 4, sont spécialement intéressants. Contemporains de la construction de l'église, ils offrent ces formes lourdes, brutales, mais puissantes que nous avons déjà retrouvées à Tipasa[1]. Ajoutons le n° 3, de taille beaucoup plus petite et d'aspect moins caractéristique, et nous aurons cité les seuls chapiteaux ioniques qui soient dans le « style » de l'édifice.

Les autres, pour être d'un intérêt moins direct, étant antérieurs, devaient néanmoins être représentés, afin de donner une idée de la souplesse, — à défaut de la grâce — que les ornemanistes rusuccuritains apportaient dans le maniement des ordres. Il en est un cependant que nous n'avons pas donné, à cause de son état fragmentaire ; il représenterait le premier échelon de la série, le type classique. La volute est large, régulièrement diminuée en trois tours. Dans le n° 4 de la fig. 4, les oves restent classiques, les perles aussi, mais ces oves envahissent tout le haut : plus d'abaque, la volute sort on ne sait d'où et se recoquille sur elle-même sans aucun intervalle. Dans le n° 1 de la fig. 10, il n'y a plus d'oves ni de perles, ni même de volutes ; celles-ci

1. Voir nos dessins, dans Gsell, *Recherches*, pl. VII, en haut ; conf. aussi *Mélanges de Rome*, XIV, p. 356, fig. 21.

sont remplacées par des cercles contenant une fleur. Dans le nᵒ 10 de la même figure, la fleur, très élargie, à cinq pétales, envahit la volute qui se réduit à un seul tour; ni abaque, ni gorgerin. Le nᵒ 5 de la fig. 4 a quatre oves au lieu de trois; le listel sous les perles est devenu si grand qu'il occupe la moitié du gorgerin, les volutes sont comme détachées, les oves sont complétées. Le nᵒ 6 de la même planche a bien une abaque, mais sans aucune moulure, les oves sont des ovales complets; quant aux volutes, elles sont renversées et partent carrément du bas, à l'imitation des caulicoles corinthiennes. Quelque fantaisistes que soient ces cinq types, on voit d'un coup d'œil quelle distance les sépare des deux premiers, qui n'ont ni oves, ni perles, ni fleurs, ni gorgerins, ni moulures, mais *quatre* volutes au lieu de *deux*, et un fleuron en forme de cœur que Vitruve eût été fort étonné de voir sur un chapiteau ionique.

Les chapiteaux corinthiens, nombreux, sont beaucoup moins variés. L'un d'eux, reproduit fig. 10, nᵒ 5, est de type classique. Signalons-en un qui porte une palme sur le côté, d'autres qui ont en guise de feuilles d'énormes crochets retournés (fig. 4, nᵒˢ 7 et 8; fig. 10, nᵒ 12). Parmi les chapiteaux de cet ordre, plus d'un a été recoupé; délibérément, on lui a supprimé le rang de feuilles inférieur, pour le réduire à la hauteur demandée. Presque tous ont subi une autre mutilation; sur un des côtés, on leur a abattu toutes les saillies, — fait qui se constate aussi sur des ioniques et des toscans. Pour nous expliquer cette amputation, nous n'avons qu'à regarder les bases doubles encore en place : les faces qui se touchent sont arrangées d'une façon analogue. Il suffit aussi de constater le peu d'écartement des colonnes accouplées de la nef, qui sont encore en place : on voit assez que des chapiteaux ayant quelque saillie ne pouvaient tenir sur ces fûts sans être préalablement rognés.

Le seul type de chapiteau corinthien qui puisse être contemporain de l'édifice est trop mutilé pour être reproduit. Par son dessin ferme et lourd, surtout par la forme cubique de la partie supérieure, il rentre assez dans les idées de simplification de cette époque, mais il est loin d'atteindre la sauvage rudesse des types ioniques précédemment étudiés.

Enfin, un certain nombre de bases et de chapiteaux (on hésite vraiment à les classer) ne paraissent correspondre à aucun ordre connu. Nous en avons retrouvé une demi-douzaine de ce genre, tous appartenant à des colonnes plus petites que les autres. Quatre d'entre eux sont reproduits fig. 5, n⁰ˢ 4, 5, 6 et 7.

Fûts de colonnes. — En dehors des treize colonnes encore en place, nous avons mesuré six colonnes entières, tombées, et plus de cent fragments variant de $0^m,30$ de long à $1^m,60$. Treize de ces fragments réunis forment encore six colonnes. Nous avons donc en tout vingt-cinq colonnes complètes. Quant au reste des fragments, ils sont loin de représenter la totalité des colonnes manquantes. D'abord nous avons négligé tous ceux qui avaient moins de $0^m,30$ de longueur ; beaucoup, devenus méconnaissables, ont dû nous échapper. D'autres ont pu être emportés et servir de moellons dans des constructions postérieures. Nous avons constaté que tous les morceaux qui restent pouvaient se répartir en trois groupes : le premier comprend 34 portions de $0^m,40$ à $0^m,46$ de diamètre, lesquelles ont dû appartenir à des colonnes semblables à celles qui sont encore debout dans l'église ; dans le second (39 fragments) les dimensions oscillent entre $0^m,30$ et $0^m,37$; enfin le troisième ne contient que des débris de colonnettes de $0^m,20$ à $0^m,26$, au nombre de vingt. L'utilité de ces détails minutieux apparaîtra lorsque nous tenterons un essai de restauration de l'édifice. Dans la seconde série figurent six fragments à cannelures droites, dans la troisième un fragment à cannelures torses. Tous les autres sont lisses. Parmi les colonnes cannelées, il y en avait à arêtes vives, d'autres à listels, d'autres à godrons. Dans tous ces fûts, le haut se reconnaît à un boudin surmontant un listel, le bas à un large listel. Cette règle est absolue ici. Elle montre peut-être que la plupart des colonnes appartiennent à l'époque classique ; mais il est certain que les constructeurs plus récents s'y sont docilement conformés.

Les demi-colonnes étaient aussi assez nombreuses. Trois, en-

core complètes, mesurent 2ᵐ,31 de hauteur et 0ᵐ,41 de largeur
en bas. Parmi les fragments retrouvés (une vingtaine environ),
les uns se rapportent à des demi-colonnes semblables, les autres, moins nombreux, à des fûts plus larges.

Dosserets. — Ce qui frappe le plus dans les débris de la ruine
déblayée, ce sont deux séries de pierres d'une forme insolite, sur
lesquelles semble s'être porté tout l'effort de la décoration sculp-
turale.

Les pierres de la première série ont généralement 1 mètre de
long, et 0ᵐ,50 de large ; leur hauteur varie de 0ᵐ,35 à 0ᵐ,50, et
la face ornée de dessins se trouve sur un des petits côtés. Ce
dernier parement n'est pas vertical, mais oblique, et incliné en
avant de 10 à 20 degrés.

Ces pierres sont analogues à celles qu'ont déjà publiées Delamare[1], Ravoisié[2], Saladin[3], et qui ont été trouvées en divers points
de l'Algérie et de la Tunisie. Du témoignage des auteurs il résulte que ce genre de matériaux se rencontre d'ordinaire dans
les monuments chrétiens, mais non dans tous. Quant à savoir
quel était leur rôle dans la construction, c'est ce que les auteurs précités ne disent pas ; ils n'en ont vu aucune en place, et
nul indice probant ne leur a sans doute permis de se prononcer avec certitude. M. Saladin, qui, le premier, s'est occupé précisément de la question, a été amené, par la forme même, à y voir
des « corbeaux », c'est-à-dire des pierres saillantes destinées à
porter une charge placée hors de l'aplomb du mur. Il signalait
en même temps leur ressemblance avec les consoles trouvées dans
les églises de Syrie par MM. Duthoit et de Vogüé. Mais il s'abs-
tenait de leur assigner dans l'édifice une place déterminée en se
bornant à recommander spécialement l'étude de ces corbeaux
aux futurs explorateurs des églises africaines[4].

1. *Exploration archéologique de l'Algérie*, pl. 59, fig. 3.
2. *Exploration archéologique de l'Algérie*, I, pl. 56, fig. 5.
3. *Archives des missions*, série III, tome XIII, fig. 203, 213, 244, 246, 251,
256, 350 ; nouvelle série, tome I, fig. 31.
4. L. c., série III, tome XIII, p. 115.

La question est aujourd'hui tranchée par les constatations que nous avons faites à Tigzirt. Les pierres dont il s'agit sont des dosserets ; elles étaient toujours destinées à recevoir des retombées d'arcades, soit sur des pilastres, soit sur des murs, soit enfin sur des colonnes simples ou jumelées. Mais, contrairement à ce qu'on pouvait supposer, la retombée se fait, en règle générale, non pas sur la face antérieure, mais sur la ou les faces latérales. Dans le cas de colonnes, qui semble être le plus général, nos pierres tiennent la place de ces dés, en forme de pyramides tronquées, qui couronnent les chapiteaux bien connus de Ravenne, de Thessalonique, etc.[1]. Ces dés ne sont pas d'invention byzantine, puisqu'on en voit un figuré sur un sarcophage romain de 353[2], mais ce sont les Byzantins surtout qui en ont fait usage.

« Les Byzantins, disent MM. Texier et Pallan, pour donner aux arcades la forme élancée qu'ils affectionnaient..., ont imaginé de surmonter le chapiteau des colonnes d'une pierre cubique[3], ou *abacus* supplémentaire, qui repose sur l'*abacus* de la colonne et qui représente le dosseret de la retombée d'une voûte. Nous donnerons donc à ce membre de l'ordre byzantin le nom de *dosseret*[4]. »

Ce nom nous paraît être en effet, de tous ceux qui ont été proposés, le mieux approprié. On l'a appelé tour à tour « abaque », « sommier », « corbeau », « console ». Mais il n'est ni une abaque, puisque le chapiteau en a déjà une, ni un corbeau, puisqu'il ne supporte pas un porte-à-faux, ni une console, puisqu'il n'a pas toujours la forme arrondie.

Le nom importe moins, à la vérité, que la fonction. Ce qu'il était nécessaire de constater, c'était l'identité de nos dosserets

---

1. Voir Holtzinger, *l. c.*, p. 46 et suiv. Des dés analogues ont été signalés en Afrique : Gsell, *Recherches*, p. 181, fig. 29 et 30.
2. Holtzinger, p. 47.
3. Lisez : « en forme de pyramide renversée ».
4. *Architecture byzantine*, p. 4, pl. XXII à XXV. « Ces dosserets... forment comme un chapiteau supérieur. C'est ainsi qu'on aboutira bientôt à la superposition de deux chapiteaux » (Bayet, *L'art byzantin*, p. 30 et fig. 15).

africains avec les dosserets byzantins, malgré la différence des
formes. Ce n'est pas à nous que revient l'honneur d'avoir fait le
premier cette constatation ; c'est à l'illustre de Rossi, qui, mis en
présence du dessin, pourtant bien informe, d'un dosseret d'Aïn-
Beïda, n'a pas hésité à y reconnaître la surabaque byzantine [1],
alors que des architectes de profession, trompés par la forme de
ces pierres, n'osaient se prononcer sur leur rôle constructif. A la
vérité, il était permis d'hésiter sur ce rôle, et de Rossi, tout en
apportant une vive lumière dans la question, ne l'a pas entièrement résolue, n'ayant pas en mains tous les éléments du problème.
D'ailleurs, il existe entre les dosserets byzantins et les nôtres, au
point de vue de la forme, une différence radicale. Aussi n'avons-
nous pas dit qu'il y eût entre les uns et les autres parité complète,
mais seulement que leur raison d'être était la même : mieux as-
seoir sur le chapiteau le poids de l'arc, qu'il est malséant de voir
porter sans transition sur un membre aussi délicat. De même que
les architectes grecs ont interposé, entre la tête des cariatides et
l'architrave un coussinet qui semble amortir la pression, de même
les constructeurs chrétiens ont mis, entre l'archivolte et le chapiteau ionique ou corinthien, une manière de coussin. Ajoutons
enfin que, dans la pratique, ces dosserets avaient un très grand
avantage : comme on pouvait varier leur hauteur, on se servait
d'eux pour rattraper les différences qui existaient entre les colonnes ou entre les chapiteaux de celles-ci. En effet, en Orient aussi
bien qu'en Occident, les églises étaient bâties avec ce que nous appelons des matériaux de démolition. Il était bien rare de trouver
des colonnes parfaitement égales, des chapiteaux ayant exactement même hauteur. Les variations du dosseret compensaient
ces inégalités. C'est ainsi qu'à Tigzirt, bien que tous fussent sur
une même ligne, leur hauteur oscille, nous l'avons dit, entre
$0^m.35$ et $0^m,50$.

Il est à remarquer qu'en épannelant également les quatre côtés
du dosseret, on l'amenait ainsi par une pente fatale à répéter la

1. *La capsella argentea africana*, p. 8, et pl. III, n° 6.

figure du chapiteau, tandis que nos constructeurs, mieux avisés, n'ont obliqué et décoré qu'une seule des faces, et cette face, laquelle pouvait-elle être, sinon la principale, celle qui regarde le spectateur placé dans la nef[1]? Dans la pratique certes, la faute commise en abattant les quatre faces pouvait être rachetée en partie par un contraste entre la richesse du chapiteau et la simplicité du dosseret. Mais en ne regardant que le principe, ce sont les Africains qui sont dans le vrai.

La forme oblique de la face a elle-même sa raison d'être. D'abord, elle sert à présenter plus normalement au spectateur le sujet représenté : c'est ce que nous faisons tous les jours en accrochant au mur un tableau. Puis cette inclinaison rappelle le mouvement général de la mouluration classique, qu'elle supprime et remplace. Les architectes chrétiens, fatigués de ces éternelles lignes droites, si longues à tailler, dont l'effet général était devenu si banal et si monotone dans l'art gréco-romain, ont pris le parti de les remplacer par une surface plane (qui n'est que l'épannelage du profil ancien) et de confier au sculpteur ou au peintre le soin de les orner. Ce mode de décoration s'observe fréquemment, à une autre extrémité du monde chrétien, dans les édifices du Hauran[2]; d'une manière générale, l'Occident ne paraît pas l'avoir beaucoup goûté.

Si l'on partage notre manière de voir au sujet de cette innovation, on reconnaîtra que l'origine de nos dosserets est à la fois dans l'*imposte* de l'arc romain et dans l'*architrave* corinthienne, qui ont même fonction, l'une par rapport au pilier, l'autre envers la colonne, et dont la mouluration est d'ailleurs identique dans le style du Haut-Empire.

Revenons à la question d'emplacement. Elle est, nous l'avons indiqué, résolue par l'état même des ruines. En effet, six dosserets

---

1. Il eût été mieux encore de décorer également la face postérieure, qui regarde le bas-côté. Mais nos artistes disposaient de peu de moyens, qu'ils ont voulu concentrer sur le côté le plus important, celui de la nef.

2. De Vogüé et Duthoit, *Syrie centrale*, p. 92, pl. 45, 46, 49, 100.

ont été retrouvés en place à Tigzirt [1], un à Taksebt [2]; enfin les fouilles ont mis à découvert un ensemble tombé d'un seul bloc, où le dosseret était à sa place, *entre le chapiteau et le sommier de l'arc* [3]. Cette dernière découverte résout les derniers doutes : le pilier de Taksebt nous offre le dosseret surmontant une *colonne cantonnée*; ceux de Tigzirt nous le font voir placé à l'imposte des portes, sur le pilier central, toujours sous une naissance d'arcade; enfin l'arc tombé du bas-côté droit le montre réunissant la tête de deux colonnes jumelées et portant une double retombée de cintres. La démonstration est faite *ipso facto*, d'une façon complète et irréfutable. Dans le dernier cas, le dosseret a une fonction de plus : assurer la réunion de deux colonnes, établir une liaison entre elles.

En résumé, les « corbeaux » africains, dont l'usage est désormais connu, ont une grande analogie avec les dosserets en forme de pyramide tronquée, employés surtout par les Byzantins. Mais ils s'en éloignent comme forme et leurs fonctions sont plus variées. Ils suffiraient à eux seuls pour constituer un style particulier, si d'autres caractères ne venaient pas, comme nous le verrons, s'ajouter à eux pour former un ensemble bien défini.

Examinons maintenant les sculptures de ces dosserets, dont les plus intéressants sont reproduits fig. 6 et fig. 7, n°ˢ 1-9. Souvent les motifs sont purement décoratifs et nos dessins nous dispensent de les décrire. Sur d'autres, on voit des croix monogrammatiques : au n° 3 de la fig. 6, la couronne qui ceint ce monogramme est flanquée en haut de deux colombes; au n° 5 de la même figure sont tracés l'*alpha* (avec la forme cursive ordinaire en Afrique) et l'*oméga*; quant à la lettre verticale qui fait partie de la croix, ce n'est un P (*rhô*) grec. mais un R latin, dont la forme est presque cursive et dont la queue se confond

---

1. Un sur le pilier central de droite (voir p. 14), cinq sur les piliers de la façade qui flanquent la porte de droite et la porte du milieu (voir p. 13).
2. *Revue africaine*, XXXVII, fig. 11 (contre la p. 135). Voir aussi plus loin à notre description de la basilique de Taksebt.
3. Conf. plus haut, p. 14.

Fig. 6.

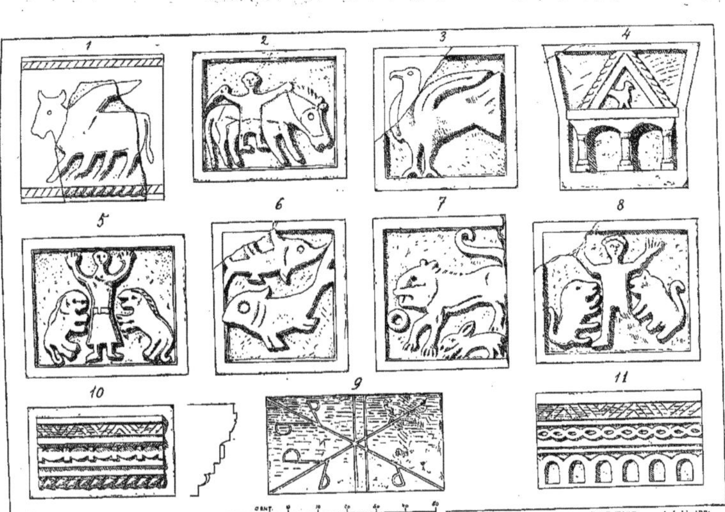

Fig. 7.

avec le premier jambage de l'*oméga*. Or M. de Rossi a montré[1] que, dans la croix monogrammatique, la forme de l'R latin a d'abord été usitée en Orient, vers la fin du ive siècle et le commencement du ve, et que, de là, elle se répandit en Occident. Pour ce qui est de l'Afrique, ce savant la signale sur des monuments de la fin du ve siècle et de la première moitié du vi[e], mais on la trouve déjà, autant qu'il semble, sur une mosaïque de Sétif, datée de l'année 454[2]. Le dosseret n° 9 de la fig. 7 présente un monogramme du Christ d'une disposition toute particulière. Au lieu d'un P unique, placé verticalement en travers du X, le sculpteur s'est amusé à en figurer cinq qui se détachent comme des rameaux des branches de ce X. Sur un dosseret (même figure, n° 4), on voit un édicule, formé de trois colonnes, que réunissent des arcades, et d'un fronton, au milieu duquel est posée une colombe. Cette image rappelle à l'esprit le texte bien connu de Tertullien : *Nostrae columbae domus simplex, in editis semper et apertis et ad lucem*[3]. Le n° 6 de la même figure nous montre deux dauphins, poissons très fréquents, comme l'on sait, sur les monuments chrétiens primitifs; le n° 7, un lion, symbole de force et, au dessous, un lièvre, symbole de vigilance (le lièvre dormant les yeux ouverts). Sur le n° 3 apparaît un aigle et sur le n° 1, malheureusement mutilé, un quadrupède ailé. On peut supposer que c'est un veau; nous aurions ainsi, sur ces deux dosserets, les symboles des évangélistes saint Luc et saint Jean. Un autre dosseret, malheureusement très mutilé et que nous n'avons pas reproduit, nous montre la tête et les pattes d'un lion, peut-être du lion de saint Marc. Un quatrième dosseret, aujourd'hui perdu, aurait pu représenter l'homme de saint Matthieu. Voici sur les n°s 5 et 8, Daniel entre les lions, les bras levés dans l'attitude de la prière : ce sujet a été assez souvent traité en bas-relief par les Africains[4]. Le n° 8 le montre nu, autant qu'il semble;

1. *La capsella*, p. 12. Conf. *Bull. di arch. cristiana*, 1894, p. 55.
2. *Bull. du Comité*, 1892, pl. XV.
3. *Adversus Valentinianum*, 3.
4 Voir Doublet, *Musée d'Alger*, p. 46-47 ; *Revue africaine*, XXXVI, p. 395;

le n° 5, vêtu d'une longue tunique ceinte à la taille. Enfin le n° 2 offre l'image d'un homme que l' « artiste » semble avoir voulu jucher sur un âne, qu'il s'évertue à faire avancer à force de coups de bâton. Serait-ce une représentation de l'aventure arrivée à Balaam[1]? Ces symboles et ces sujets se rapportent donc, comme on le voit, à l'Ancien et au Nouveau Testament.

Nous mentionnerons encore ici quelques dosserets moins intéressants que nos dessins ne reproduisent pas : *a*) Les quatre qui sont encore en place sur les piliers flanquant la porte principale : on y voit une rosace à six branches enfermée dans un cercle. — *b*) Deux autres avec une large volute à cinq enroulements, flanquée de quatre petites rosaces. — *c*) Un autre où est sculptée une rosace à six pétales, enf rmée dans un cercle ; les extrémités des pétales sont reliées par des demi-cercles. — *d*) Un grand cercle à ombilic central, d'où divergent de nombreux rayons.

Pour ce qui est du style de nos dosserets, l'ornementation est à peu près correcte et parfois assez élégante ; on n'a eu qu'à copier des modèles connus. Quant aux animaux, l'aigle est assez bien campé ; les dauphins, plus médiocres, sont encore facilement reconnaissables ; les autres, ainsi que les « bonshommes », sont d'un dessin enfantin, exécrable. L' « art » de ces dosserets rappelle beaucoup les carreaux en terre cuite chrétiens, qui, dans les parties orientales des provinces africaines, tapissaient fréquemment les murs des basiliques[2]. Nous aurons du reste à revenir sur cette question de style, quand nous essaierons de fixer l'époque de la construction de notre édifice.

Nous n'avons pas encore parlé d'un certain nombre de dosserets dont le mode de décoration est différent. Au-dessus du pilier central de droite, le devant du dosseret (qui est double, à

XXXVII, p. 114 ; *Comptes rendus de l'Académie d'Hippone*, 1889, p. iii-iv (sarcophages, vasque, ciborium, chapiteau).

1. *Ancien Testament, Nombres*, chap. xxii.

2. La Blanchère, dans la *Revue archéologique*, 1888, I, p. 303 et suiv. ; Gsell, *Revue africaine*, XXXVIII, p. 220.

cause de la largeur du pilier), au lieu de présenter, comme les autres, une surface plane inclinée, nous montre une mouluration de type classique : bandes et filets entre lesquels sont interposés une doucine, un quart-de-rond et un cavet. Les dosserets dessinés, fig. 7, n°s 10 et 11, offrent aussi des moulures parallèles superposées, mais qui ne sont pas dans le goût classique. Deux autres, non reproduits, sont décorés dans le même style : on y voit (à partir du haut) une bande unie, une suite de chevrons, une bande où alternent des séries de traits verticaux et des diagonales croisées, une rangée de perles, un méandre à onde marine, un filet, une corde, deux bandes. Un autre ne nous offre qu'une série de bandes et de filets.

Outre tous ces dosserets, nous avons trouvé une dizaine de blocs sculptés ayant sans doute rempli le même office, mais qui s'en distinguent en ce qu'ils sont décorés, non seulement sur la face, mais aussi sur une moitié des côtés latéraux ; en outre, l'ornementation consiste toujours en moulures horizontales superposées. Plusieurs sont d'un goût classique et d'un profil assez ferme ; ils paraissent être des remplois : dans leur destination primitive, ils étaient peut-être placés sur des pilastres adossés à des murs. Nous donnons le profil de deux d'entre eux, fig. 10, n°s 2 et 4. — D'autres présentent une décoration à la fois plus compliquée et plus barbare. Nous en avons reproduit un sur la même figure, n° 7 ; trois autres, dont les moulures sont les mêmes, ont des dimensions plus petites (la largeur en haut est de 0^m,42, la hauteur ne dépasse pas 0^m,25). D'après leur style, ces corniches doivent être contemporaines de la construction de notre église. Au point de vue architectural, elles forment en quelque sorte la transition entre les corniches classiques dont nous venons de parler et les dosserets décorés sur une face, inclinée de haut en bas.

En résumé, nous avons recueilli :

1° Des corniches présentant sur trois de leurs faces une mouluration classique : ce sont des remplois.

2° Des corniches de même forme et dont l'ornementation consiste de même en moulures parallèles superposées, mais d'un goût qui n'a plus rien de classique.

3° Des dosserets décorés seulement sur leur face antérieure, avec des moulures superposées et non classiques.

4° Des dosserets dont la face antérieure offre un tableau incliné que remplissent soit une ou plusieurs figures, soit un motif d'ornementation. Ce dernier groupe représente en quelque sorte l'émancipation complète de nos artistes décorateurs.

Frontons. — Une seconde série de pierres, d'une forme encore plus bizarre, et non moins nombreuses que les dosserets, comprend des blocs de 1ᵐ,20 à 1ᵐ,40 de longueur, de 0ᵐ,50 d'épaisseur, décorés sur leur face longue, et terminés par deux pointes inégales, l'une plus aiguë que l'autre. Le côté décoré est, tantôt droit, tantôt (plus souvent) incliné comme celui des dosserets. Voir, sur les fig. 8 et 9, la reproduction d'un certain nombre de ces morceaux d'architecture.

Lorsque nous trouvâmes les premières de ces pierres, l'idée nous vint qu'elles avaient été autrefois plus longues et qu'on les avait diminuées. En effet, le dessin était coupé brutalement, sans bordure. Nous souvenant de plus d'avoir vu dans l'ouvrage de MM. Duthoit et de Vogüé des linteaux d'une forme analogue, décorés des mêmes rosaces[1], nous avions pensé avoir sous les yeux des dessus de portes, recoupés plus tard pour un autre usage. A la vérité, cette supposition n'était pas entièrement satisfaisante et laissait subsister de graves difficultés. Comment expliquer, par exemple, que les angles eussent été découpés, au lieu d'y laisser subsister l'écoinçon, comme dans les pierres syriennes, alors qu'il eût fallu ensuite le remplacer par un remplissage. Puis le progrès des fouilles nous faisant voir que nos pierres étaient doubles et symétriques deux par deux, nous étions amené à supposer ces linteaux en deux morceaux. Mais il manquait alors à chaque couple un morceau trapézoïdal intermédiaire, qui ne se rencontrait nulle part. Enfin, les pierres se re-

---

1. *Syrie centrale*, p. 82, pl. 32, 46.

trouvaient à raison de deux par travées, et la basilique n'avait
que trois portes. Fallait-il les placer sur des fenêtres ?

L'hypothèse donc craquait de toutes parts ; il fallait chercher

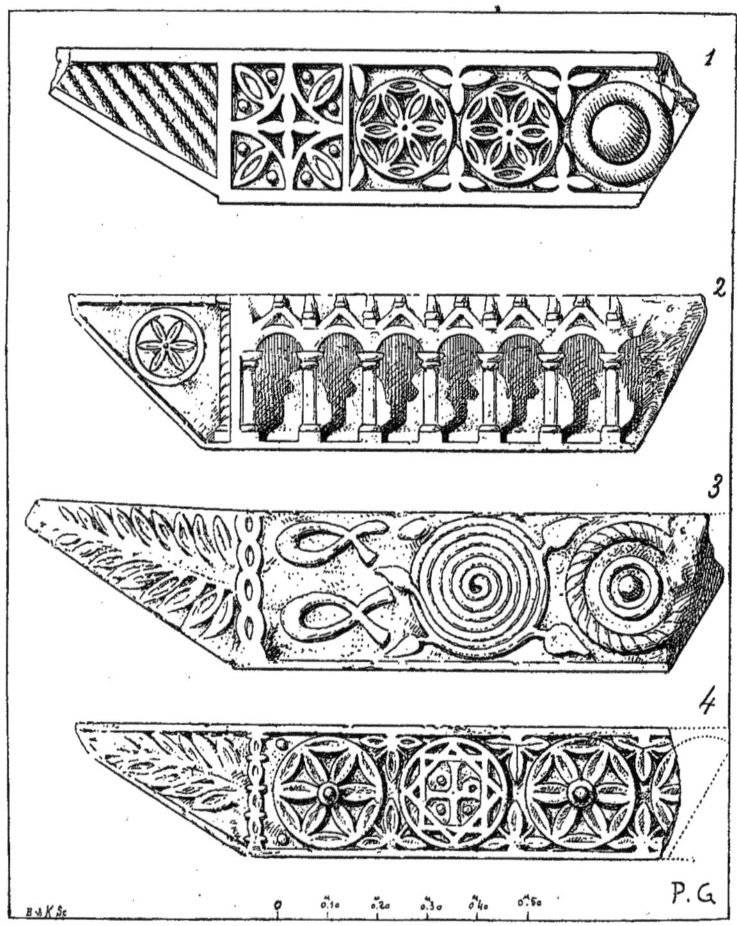

Fig. 8.

autre chose. Nous en étions là, lorsqu'une découverte inattendue,
— toujours dans le riche bas-côté droit, — vint résoudre tous
nos doutes, comme dans le cas des dosserets. Dans la troisième
travée, les deux pierres étaient tombées en place, l'une joignant

l'autre et formant, par leur réunion, un *fronton* ou *arc triangu-laire*, dont la face était tournée vers la grande nef. D'ailleurs, le

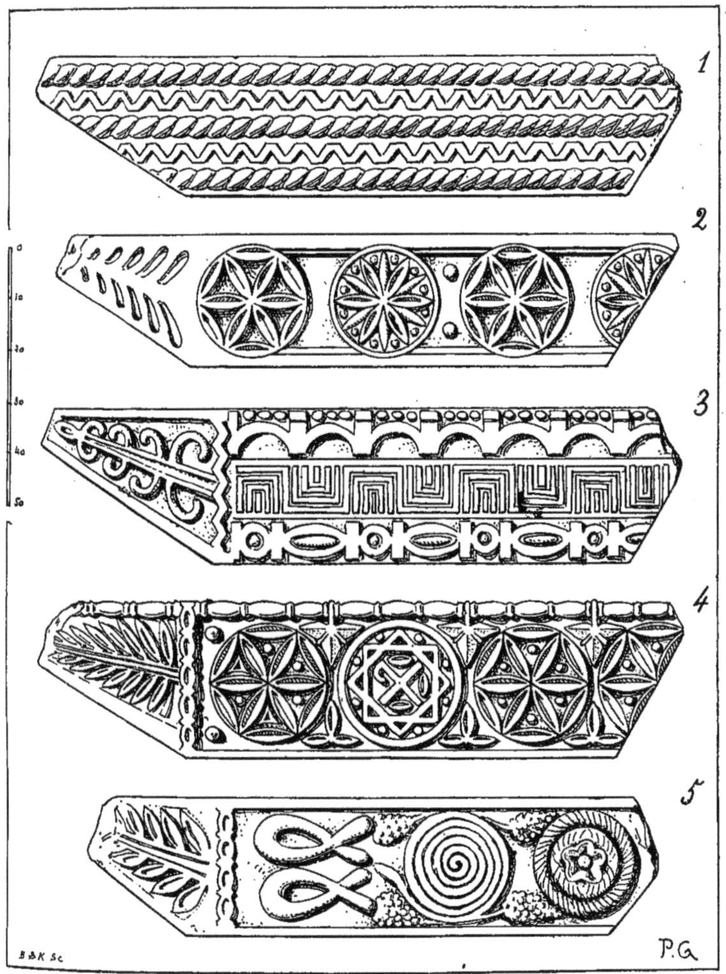

Fig. 9.

mot de l'énigme une fois trouvé, toutes les obscurités disparais-saient : l'inégalité des angles devenait nécessaire ; le dessin commencé sur une pierre se continuait sur l'autre ; le recoupement de l'écoinçon était imposé; même les monogrammes sculptés sur quelques pierres prenaient une position plus naturelle.

Le principe de la décoration est en général le même que dans les dosserets : *remplacer les séries de moulures parallèles par des surfaces planes, librement décorées*. Quant à la disposition de ces frontons, elle est assurément intéressante. Nous ne connaissons, ni dans la Syrie centrale, ni dans l'art byzantin antérieur au VIe siècle, aucun exemple de membres architecturaux de cette espèce. Cependant il est impossible de croire que les nôtres aient constitué une manifestation isolée. Les basiliques africaines ont été peu explorées jusqu'à ce jour; en France et en Allemagne, il ne reste que bien peu de vestiges de l'architecture chrétienne primitive ; les églises les plus anciennes d'Espagne sont mal connues ; en Italie, où elles sont nombreuses, les exemples à citer nous font défaut, il est vrai, mais de plus érudits que nous les trouveraient peut-être. En tout cas, ce qui n'est pas contestable, c'est que les édifices mérovingiens et carolingiens nous offrent quelques-uns de ces frontons encastrés dans les murs. Nous citerons ceux du baptistère de Saint-Jean à Poitiers (VIe ou VIIe siècle) [1], de l'abbaye de Lorsch, près Heidelberg (VIIIe siècle) [2], du clocher de Saint-Front de Périgueux (Xe siècle) [3], de Saint-Généroux dans les Deux-Sèvres [4], et enfin de l'église de Montmille, près de Beauvais (XIe siècle), « un des derniers souvenirs de ces frontons mérovingiens » [5]. Nous sommes donc fixés sur la fortune ultérieure du motif : il a été en faveur jusqu'après l'an 1000. Ses antécédents sont moins clairs et il serait assurément très hasardé d'y voir une création de l'école africaine.

Nous avons dit que les frontons de France et d'Allemagne dont nous venons de parler étaient *encastrés dans des murs*. Les nôtres l'étaient-ils aussi? Examinons-les attentivement. Leurs

---

1. Lenoir, *Architecture monastique*, II, p. 50 et fig. 336.
2. *Ibid.*, I, p. 69 et fig. 41.
3. Corroyer, *Architecture romane*, fig. 54.
4. Lenoir, *op. cit.*, II, p. 51, fig. 337.
5. *Ibid.*, II, p. 55, fig. 341.

faces inférieures ne sont pas dressées, elles offrent même de fortes saillies : donc elles étaient certainement maçonnées. Les faces supérieures au contraire sont dressées à la pointe, mais sur l'une d'elles nous retrouvons un paquet d'excellent mortier encore adhérent à la pierre. Pour le moment, nous ne pouvons donc dire que ceci ; nos frontons étaient posés sur de la maçonnerie et ne semblent pas avoir été destinés à en supporter ; toutefois l'un au moins d'entre eux a été maçonné en dessus.

Remarquons enfin les détails suivants : 1º l'épaisseur des frontons est celle d'un mur ordinaire (0^m,50) ; 2º à leur angle supérieur beaucoup de ces pierres portent une entaille horizontale qui laisse intact le profil ; 3º aucun des angles aigus n'est à vif ; bien que l'on puisse les supposer tous cassés par leur propre chute, il semble plus probable, au moins pour quelques-uns, que ces angles ont été abattus exprès sur une longueur de 0^m,05 à 0^m,12.

L'originalité de nos frontons consiste dans leur fonction constructive hasardeuse qui, elle, n'a rien d'analogue dans les édifices de la première période romane. Cette fonction, — nous verrons plus loin que, malgré toutes les répugnances, il faut absolument l'admettre, — consistait à soutenir des colonnes. C'est là un renversement hardi et complet de l'ordre classique, qui bouleverse de fond en comble, on peut le dire sans métaphore, toute l'esthétique architecturale des Grecs. Ceux-ci faisaient porter leurs frontons sur des colonnes ; nos Africains imaginent de faire porter les colonnes sur des frontons. Tentative audacieuse, nous le répétons, mais plus bizarre encore, et qui n'a eu d'ailleurs aucun succès en Occident, si toutefois elle y a été connue.

Nous n'entrerons pas dans le détail de la décoration de nos frontons : il nous suffira de renvoyer à nos fig. 8 et 9[1].

---

1. Nous avons retrouvé deux frontons du type nº 1 de la fig. 8, quatre du nº 2, deux du nº 3, deux du nº 4, trois du nº 1 de la fig. 9, deux du nº 2, quatre du nº 3, deux du nº 4 et deux du nº 5. Quatre frontons d'un type non reproduit nous montrent quatre cordes superposées. Trois autres présentent (à partir du haut) une rangée de perles, un méandre à onde marine, une corde, une bande de chevrons, une rangée de perles. —

On remarquera fig. 8, n° 4, et fig. 9, n° 4, les croix monogram-

Fig. 10.

matiques enfermées dans un double carré et un cercle : le

Remarquez, fig. 8, n° 3, et fig. 9, n° 5, les guirlandes figurées à .gauche.
Elles se retrouvent souvent sur les stèles païennes d'Afrique et on a voulu y
voir à tort des gâteaux.

rhô y est retourné[1]. Nous aurons à nous occuper longuement du n° 2 de la figure 8, d'une importance capitale pour l'étude architecturale de notre basilique. La décoration de ces frontons, qui paraît souvent s'inspirer de la technique du bois, est riche, surchargée même, quoique d'ordinaire assez bien conçue : elle présente des ressemblances assez frappantes avec celle des édifices chrétiens de la Syrie[2].

Corniches. — Les fouilles nous ont fait découvrir une quinzaine de fragments de corniches droites. Les unes peuvent être simplement des matériaux provenant d'édifices antérieurs et employés au hasard dans la construction[3]. Les autres ont pu être placées d'une manière régulière, vraisemblablement au faîte des murs, sous le toit. Tantôt les moulures sont de type classique ; tantôt elles ressemblent à celles d'un certain nombre de dosserets et frontons : on doit sans doute admettre que ces dernières corniches ont été sculptées exprès pour l'église. Telles sont celles qui présentent des séries superposées de cordes (voir fig. 10, n° 8) ou bien (à partir du haut) une bande unie, une suite de perles, un méandre à onde marine, une corde, une rangée de chevrons, une suite de perles, une bande unie.

III

LES MOSAÏQUES

Toute la surface du sol de l'église, nef, bas-côtés, abside, ainsi que la sacristie de droite, était pavée en mosaïques. Il n'est pas un seul point en effet où, à défaut du pavement lui-même, on n'en

---

1. Disposition qui n'est pas rare.
2. Voir plus loin, chapitre v.
3. Tel était peut-être aussi le cas de la corniche décorée sur trois faces qui est représentée sur notre fig. 10, n° 3. On en a trouvé plusieurs semblables.

ait trouvé les traces, sous la forme de petits cubes épars. De cette riche décoration il subsiste malheureusement bien peu de chose. Mais ce qui en reste suffit à nous donner une idée de la variété étonnante des motifs qui la composaient. Même cette variété, qui nuit un peu à l'homogénéité de l'ensemble, permettrait de supposer que tout n'a pas été conçu et exécuté d'un seul jet, mais successivement, au fur et à mesure des ressources et des donations.

Plusieurs causes ont contribué à la destruction du pavage. La première est l'écroulement de l'édifice et la chute des colonnes supérieures, des corniches, des pierres énormes qui formaient les murs. Tous ces gros matériaux ont produit en tombant, — il est facile de le constater, — des dépressions et des brisures dans la mosaïque. D'autre part, la charpente enflammée, en continuant de brûler sur le sol, a dû calciner beaucoup des petits cubes et contribuer à leur désagrégation. Ensuite, il semble qu'en déblayant l'aire du monument, pour le restaurer, les fidèles des derniers temps de l'Afrique chrétienne en aient encore détruit une partie ; soient qu'ils en aient volontairement bouché les trous avec du mortier, soit qu'ils l'aient recouvert dans toute sa superficie par une couche d'argile. En dernier lieu, la mosaïque eut à subir une dernière mutilation lorsque notre basilique fut transformée en *campo santo* : alors des sarcophages furent placés sur le dallage au fond du bas-côté nord ; des tombes nombreuses se creusèrent dans le sol, au hasard des dessins et des travées. Une grande partie de la décoration disparut ainsi.

Mais, malgré tant de causes d'anéantissement, des parties importantes de la mosaïque subsisteraient encore si la forme en béton sur laquelle elle reposait avait été mieux conditionnée. Nous n'avons jamais vu, dans le cours de nos recherches, une aire aussi mal établie. C'est à peine un béton, presque un mortier, de quelques centimètres d'épaisseur tout au plus, sans brique concassée, et reposant directement sur la terre naturelle. On conçoit qu'avec une pareille base, la mosaïque n'ait pas opposé une grande résistance aux divers éléments de destruction qui ont amené sa perte partielle. Nous devons déplorer la façon hâtive et peu scrupuleuse dont les constructeurs l'ont établie, plus soucieux sans doute de faire grand et brillant, que d'assurer à leur œuvre l'assentiment des siècles futurs [1].

L'état où nous sont parvenus les fragments conservés est généralement très précaire. Les cubes sont disjoints, ils ont presque perdu leur coloration. Pour les découvrir, les plus grandes précautions ont été nécessaires; il fallait maintenir d'une main et gratter de l'autre. Souvent une sorte de béton recouvrait le dessin, et la mosaïque adhérait bien plus à cette gangue qu'à son propre ciment. Dans certaines parties, ce n'était pas un béton, mais une cristallisation calcaire, formée par l'infiltration lente des eaux à travers les matériaux amoncelés, qui recouvrait le dessin d'une couche opaque et tenace de $0^m,002$ à $0^m,003$ d'épaisseur. Il est tel fragment d'inscription qui nous a coûté quinze à seize heures d'un travail personnel des plus pénibles.

Les couleurs, nous l'avons dit, sont souvent très difficiles à distinguer: le rose, le jaune, le gris, le vert se confondent. Quant au noir, ou plutôt à la teinte neutre qui en tient lieu, il a presque toujours disparu et on n'en trouve comme trace qu'une sorte de pâte grise. Ce noir bleu, que l'on retrouve dans toutes les mosaïques africaines, était, croyons-nous, formé d'une pâte d'ardoise pilée. Le blanc et le jaune étaient des marbres; le rouge, une terre cuite; le rose, un marbre ou une terre; le violet (?), un grès ferrugineux; le vert, le gris, le brun, des calcaires plus ou moins marmoïdes.

Mosaïques de la nef. — La partie centrale a été la plus maltraitée: près des portes, on n'a trouvé que de vagues indices, sous forme de cubes déparés. A droite, en avant du cinquième groupe de colonnes, un morceau assez bien conservé nous montre un oranger chargé de fruits et flanqué de deux plantes, dans

---

1. M. Gsell a signalé, et nous avons pu constater nous-même la mauvaise fabrication du béton de la mosaïque de Sainte-Salsa, à Tipasa, mais au moins, il y avait sous le mortier « un lit de briques et de pierrailles » (*Recherches*, p. 22, n. 1).

un cadre formé par deux carrés entrelacés, dont l'ensemble dessine une étoile à huit rayons. En avant de la huitième travée (à partir des portes), toujours à droite, on distinguait un poisson et, en avant de la neuvième, les débris d'un navire monté par un marin qui se tenait debout contre le mât. Vers l'abside, quelques traces ont été relevées, et en deux endroits, dans la dixième travée, le dessin a pu être reconnu. C'était ici, comme là, une guirlande composée de trois rangs de feuilles de couleur rouge [1], et qui formait évidemment des cadres au centre desquels se trouvaient des motifs, aujourd'hui disparus. D'après la direction des deux fragments, il est permis de supposer qu'ils faisaient partie d'un grand cadre rond ou hexagonal qui occupait le centre des huitième et neuvième travées.

La nef nous réservait cependant une importante trouvaille, bien propre à faire regretter la perte de tout le reste ; au milieu même de l'église, entre les deux gros piliers, nous avons découvert les trois fragments d'un vaste tableau en trois parties, sorte de triptyque, qui devait occuper toute la largeur de la nef :

1° Un fragment à gauche représentant un tronc d'arbre avec quelques feuilles de couleur verte ;

2° Un fragment situé à droite, en haut, comprenant quelques lignes courbes, dont l'interprétation est incertaine ;

3° Enfin un troisième fragment central, beaucoup plus grand que les deux autres, figurant un jeune homme nu, imberbe, tourné à droite, un genou en terre, les mains liées derrière le dos, devant un autel de forme carrée, d'où sortent des flammes (fig. 11).

L'interprétation de ce dernier morceau, si mutilé qu'il soit, en saurait être douteuse. Le sujet ainsi traité était le sacrifice d'Abraham, un des motifs favoris des artistes chrétiens des premiers

---

1. Cette guirlande était absolument identique à celle qui encadre l'inscription du baptistère de Tipasa, publiée par nous (*Revue africaine*, XXVII, planche à notre article, p. 400), les inscriptions de l'église d'Alexandre, découvertes par l'abbé Saint-Gérand (*Bull. du Comité*, p. 466-484, sans planche), et probablement aussi à celle qui forme la couronne de la planche XI de l'*Annuaire de la Société archéologique de Constantine*, année 1862.

siècles ; on y voyait un symbole de salut et de délivrance, on y retrouvait surtout l'image du sacrifice de la croix et de Dieu le Père livrant à la mort son Fils bien-aimé[1]. A gauche d'Isaac agenouillé, devait se dresser le patriarche ; plus à gauche, et au-dessus, devait être l'ange ou plutôt la main divine sortant des nuées ; enfin, à droite du sujet et en bas, apparaissait sans doute, dans des buissons, le bélier aux cornes entravées.

Fig. 14.

En ce qui concerne les fragments de droite et de gauche, ils sont trop mutilés pour qu'on puisse se permettre aucune conjecture à leur égard. Il n'est pas possible, en effet, de les rattacher à la scène précédente, car entre celui qui porte l'arbre et celui d'Isaac, on retrouve un fragment de la bordure verticale qui séparait les deux sujets.

On remarquera enfin que les piliers allongés que notre plan (fig. 1) montre au milieu de la nef, en avant des piliers centraux, semblent avoir été placés à dessein, lors de la restauration de

---

1. En Afrique, outre les lampes, on connaît des briques représentant ce sujet : voir *Bulletin du Comité*, 1885, pl. VIII ; *Bull. di archeologia cristiana* ; 1884, p. 53 et pl. III ; *Revue archéologique*, 1888, I, et pl. XI ; 1893, II, p. 277, fig. 4 ; Doublet et Gauckler, *Musée de Constantine*, p. 65. — Pour la pose d'Isaac dans notre mosaïque, conf. en particulier Le Blant, *Étude sur les sarcophages d'Arles*, pl. VI, et le verre gravé reproduit par Martigny, *Dictionnaire des Antiquités chrétiennes*, à l'article *Abraham*.

l'église, pour ménager le tableau du sacrifice, qui sans doute, à cette époque, était encore en bon état de conservation. Ce morceau de mosaïque aurait alors formé une sorte de seuil, qui a pu être protégé par un auvent.

Mosaïques du bas-côté droit. — C'est le bas-côté droit qui nous a fourni la plus riche moisson. A part quelques lacunes, on peut reconstituer la décoration qui couvrait le sol. Cette décoration ne paraît pas avoir été faite en une seule fois : on n'y constate pas l'adoption d'un grand parti d'ensemble ; au contraire, la longueur totale est fractionnée en un certain nombre de parties : au début, ces divisions coïncident avec les travées successives de la colonnade, mais ensuite, elles englobent deux ou trois travées à la fois. D'après le sens où sont placées les figures et les inscriptions, on voit, — et l'observation est applicable aussi au bas-côté opposé — que cette partie de l'édifice était décorée longitudinalement, c'est-à-dire que, pour voir les mosaïques dans leur vrai sens, le visiteur devait partir du mur de façade et se diriger en ligne droite vers le fond. C'est donc dans cet ordre que nous procéderons pour notre description : voir les planches I et II.

Le premier tableau à partir du mur est purement ornemental : il représente deux grandes étoiles à huit pointes, constituées par deux carrés entrelacés, dont les côtés sont formés par une bande où court une tresse simple. Le centre de chaque étoile se trouve être un octogone régulier, occupé par une inscription en lettres blanches sur fond noir. Voici ce qui reste de ces deux inscriptions, en *quasi-versus*.

I. *Inscription de droite.*

LA*bor*IBVS EX
VLT*imis* NOMEN
NON*supere*ST VMQVAM
HIC LAB*or* EST COEP
TIS SED FINIS CVNC
TA DECORA*bi*T

II. *Inscription de gauche.*

NON OPVS EST C▨
TIS CVM FA▨
CVNCTA PROV▨
CO*n*PLEVITQV▨
NEM DI*g*NVM▨
▨NIQVE̅VIT HONO
REM

Les vides laissés par les étoiles dans le rectangle du cadre sont remplis : au centre, par deux demi-rosaces; dans les angles, par des vases ansés vides[1]. La demi-rosace du haut est une croix tressée[2] enfermée dans un cercle de postes, celle du bas offre au centre quatre fleurs et, comme bordure, d'autres fleurs alternativement droites et renversées. Il eût été de meilleur goût de mettre partout le même motif, mais les artistes africains de cette époque en jugeaient autrement[3]. Nous avons déjà fait une remarque analogue à propos des chapiteaux; mais là, la diversité se justifiait mieux.

L'encadrement de ce grand rectangle se compose de croix gammées et de losanges enfermant un cercle. Ce cadre se continuait autour des trois premiers tableaux, ce qui semblerait leur assurer une origine commune.

La seconde travée est un véritable tableau dont il ne manque guère que la partie droite; c'est le fragment le mieux conservé de la mosaïque, et si le dessin en est barbare, la facture en est très bonne. Il représente deux barques de grandeur inégale, qui semblent voguer de conserve; celle de gauche est la plus impor-

---

1. Ces vases ont ici un rôle décoratif, mais il est vraisemblable que leur signification eucharistique n'a pas entièrement été perdue de vue par le compositeur.

2. Sur cette croix, voir Gsell, *Recherches*, p. 22, n. 3. Nous préférons notre dénomination à celle de « croix à branches recourbées ».

3. L'exemple le plus frappant de ce goût particulier est la mosaïque de Sainte-Salsa (voir notre planche V dans Gsell, *Recherches*), où l'artiste a entassé tous les motifs de son album, de façon à produire un ensemble bien moins riche qu'incohérent.

tante ; elle possède un mât (rendu très court par les nécessités de l'emplacement) muni d'une vergue horizontale, qui porte elle-même une grande voile carrée, enflée par le vent qui vient de gauche ; des lignes la divisent en trente-six petits carrés qui figurent sans doute les morceaux de toile cousus ensemble dont elle est constituée. Un personnage peu proportionné avec le mât, qu'il égale presque en hauteur, est debout près de la poupe recourbée du bateau. Il tient en main deux rames plates (*guberna-cula*), à l'aide desquelles il gouverne. Derrière, une seconde barque sans voile, véritable coquille de noix, est montée aussi par un personnage, moins grand que le premier, qui est assis dans l'attitude du rameur ; on ne distingue que l'un de ses avirons, l'autre étant forcément caché par la coque. Sur la droite, on aperçoit dans le ciel deux étoiles ; nous en verrions sans doute cinq autres si la mosaïque n'était brisée en cet endroit [1]. Il semble que ces étoiles soient le but lointain vers lequel se dirigent les navires et qu'elles remplacent ici le phare souvent placé de la même façon. On sait que parfois, à la place du phare, se trouve le monogramme du Christ [2].

Les deux figures représentées offrent un certain intérêt. Les personnages étant assez rares dans les mosaïques chrétiennes d'Afrique [3], les nôtres contribuent à nous donner une idée du style de cette époque. A vrai dire, cette idée n'est pas très haute. Si le masque est traité avec habileté, sans doute d'après un modèle, les corps sont informes et sans modelé, réduits à une simple silhouette. Les mosaïques du Vieil-Arzeu [4], barbares à côté de celles de Pompéi, sont des chefs-d'œuvre au regard des nôtres. — Nos deux hommes ne paraissent pas nus, comme l'Isaac de

1. En iconographie chrétienne, les étoiles sont presque toujours au nombre de sept (Martigny, *op. cit.*, article *Étoiles*), et la place restant libre sur la droite est exactement celle qui suffit pour les loger.

2. Perret, *Les catacombes de Rome*, V, pl. LIII, 6 ; Martigny, s. v. *Navire*.

3. Mosaïques funéraires de Tébessa (*Recueil de Constantine*, 1870, pl. XI), de Tabarka (*Revue de l'Afrique française*, 1887, planches VI et VII ; *Collections du Musée Alaoui*, pl. VII), de Sertei (*Bull. du Comité*, 1888, pl. XIII), de Sfax (*Revue archéologique*, 1887, II, p. 182).

4. La Blanchère, *Musée d'Oran*, pl. II et suiv.

la grande nef; ils sont vêtus, semble-t-il, d'une sorte de maillot
très collant. Le plus petit porte un collier. Les cheveux sont
courts, si ce n'est pas un bonnet plat que l'artiste a voulu leur
mettre sur la tête. En somme, ce sont des marins tels qu'on
devait en voir sur les quais de Rusuccuru. Quant au symbole
du navire, représentant l'Église, qui se dirige vers le but divin,
à travers les mille dangers de la mer, il est trop connu pour que
nous ayons besoin d'y insister.

Au-dessus du tableau que nous venons de décrire, s'étendait
une grande inscription de cinq lignes, probablement métrique. Il
n'en subsiste que de misérables fragments :

HOC OP*us*▨▨▨▨▨▨▨▨▨▨▨▨▨▨▨EDERE*t* HO*norem?*
PAVS▨▨▨▨▨▨▨▨▨▨▨▨TIS IVNC▨ LABO*r*▨▨▨▨
ARCVM▨▨▨▨▨▨▨▨▨▨▨▨▨▨DETE▨▨▨▨
▨▨ N▨▨▨▨▨▨▨▨▨▨▨▨▨▨*di?*ACON▨▨▨▨
CL▨▨▨MEC▨▨▨▨▨▨▨▨▨▨▨▨▨▨ TA▨ *gl?*ORIA RE▨▨▨▨ .

Tableau et inscription ont un contre-cadre commun. Faut-il
en induire que l'une est l'explication de l'autre? Le sens des
mots conservés ne s'y prête guère. Il semble plutôt que la légende
rappelle la donation de cette partie de la mosaïque.

Plus loin (troisième travée), se trouvait un second tableau,
dont il reste bien moins que du premier : le quart environ. Le
fragment subsistant est celui de droite ; il représente un arbre et
une panthère paraissant s'élancer en avant : la tête et les membres
antérieurs manquent. Le corps est parsemé de taches en forme
de croissants qui ne laissent pas de doute sur l'espèce à laquelle
appartient l'animal. Il n'en est pas de même pour l'arbre dont le
tronc et les feuilles sont d'une forme si peu naturelle que l'on
peut légitimement hésiter entre le figuier et le palmier-nain. Quelle
était la scène représentée dans ce compartiment? On pourrait
penser à un Orphée qui se serait trouvé au centre, tandis qu'un
autre animal aurait fait pendant à la panthère du côté gauche.
Mais le sujet était bien démodé au vi^e siècle; en outre, dans ce
motif, les animaux sont habituellement assis.

Au-dessus, nouvelle inscription de cinq lignes, dans laquelle chacune des lignes correspond à un vers. Il n'en reste que quelques mots et fragments de mots :

⌐O*nt?*INET V▨▨▨

DE▨▨▨▨OT▨▨▨▨

*l*AVDE TRIVM*pha*T

(*votum?*) *cum?* *c*ONIVGE CONPLET

SE▨▨▨LIAT LAVDE SEVERVS

A la fin, le mot *Severus* est très probablement le nom du donateur, qui, avec sa femme, accomplissait ainsi un vœu qu'il avait fait. — Toute la partie de la mosaïque décrite jusqu'à présent est reproduite sur la planche I.

Fig. 12.

A la travée suivante (la quatrième), l'encadrement change : c'est maintenant une alternance de cercles et de carrés placés sur l'angle, avec de petites étoiles au centre. Dans l'intérieur de cette bordure, nous voyons deux animaux disposés l'un au-dessus de l'autre et tournés à gauche (fig. 12) : celui d'en haut est un bœuf ou un veau de couleur rouge, celui d'en bas un lion ou plutôt une lionne jaune. Le veau se cabre et tourne la tête vers le spectateur. Ses yeux sont ronds, sa tête informe, son corps lourd et mal proportionné. Le dessin du lion n'est pas plus heureux, et la façon dont sont représentés les poils du mufle est plus que maladroite : ce sont d'ailleurs là des images plates et conventionnelles et la bordure blanche qui les silhouette sur le fond découpé contribue à accentuer ce caractère. Faut-il voir dans ce veau et dans ce lion, bien qu'ils ne soient pas ailés, les symboles de deux évangélistes? Le vide qui reste à leur gauche, et dans lequel l'homme et l'aigle ont pu trouver place, semble bien cadrer avec cette hypothèse. Cependant il ne faut pas oublier que des bœufs, des lions, des chevaux, des tigres, des cerfs, etc., se retrouvent partout dans l'art chrétien primitif, sans qu'on puisse leur assigner d'autre raison d'être qu'un vague sens symbolique attaché au caractère de chacun d'eux. Le lion paraît représenter la force, le veau l'innocence. Dans le cas qui nous occupe, il faudrait donc connaître avec certitude le reste du tableau pour hasarder une explication.

Ce motif du bœuf et du lion, qui décore la quatrième travée, fait partie d'un nouvel ensemble. Comme nous l'avons dit, il possède une bordure différente, qui va englober également les cinquième, sixième et septième travées. De la cinquième il ne reste rien; mais, par induction, nous sommes amené à supposer qu'elle devait être ornée du même motif que les deux suivantes, où des fragments sont conservés (voir la septième sur la pl. II). Ici, nous revenons à l'ornement pur : ce sont des cercles et des carrés, disposés en quinconces; ces derniers sont cantonnés de demi-cercles, figurant des conques ou pavillons hémisphériques alternativement rouges et verts. Les carrés sont occupés par une tresse ingénieuse, mais déjà connue[1], qui se compose de cinq brins, deux verts, deux rouges et un jaune. Les cercles sont remplis par des motifs dont deux seulement sont visibles, mais qui devaient être peu variés : croix tressée entourée de fleurs tripétales alternativement droites et renversées; croix de même type bordée de chevrons jaunes et verts.

---

1. A Tipasa, dans la basilique principale, dans la basilique de Sainte-Salsa, dans la chapelle de l'évêque Alexandre (Gsell, *Mélanges de l'École de Rome*, XIV, p. 361; *Recherches*, pl. V, en haut, à droite).

Après la septième travée, la bordure de ronds et de carrés se ferme et un nouveau cadre entoure une nouvelle série de motifs, occupant les travées 8, 9 et 10. Ce cadre est formé d'une suite de crochets carrés, rouges et jaunes, entouré de quatre lignes, deux à deux noires et rouges. Quant au décor central, il reproduit à peu de chose près celui de la première travée : grandes étoiles à huit pointes, à bords tressés, avec cette différence que les inscriptions centrales sont ici remplacées par des sujets. Les intervalles, sur les côtés, sont remplis par des demi-rosaces comme dans la première travée; mais au milieu, les octogones formés par la réunion de quatre étoiles contiennent des sujets comme les octogones centraux.

De ces sujets, trois sont partiellement conservés. Le premier est un navire (symbole de l'Église, comme on le sait), qui ressemble beaucoup à celui que nous avons déjà décrit; mais sa forme est plus élégante; il a deux mâts dont un incliné à 40° sur la verticale (*dolon*); il fait voile vers la gauche. Sa coque est jaune, son bordage est peint d'un double filet rouge; les mâts sont gris, les voiles blanches, et le tout se détache sur un fond noir. La disposition des mâts et des vergues est celle que l'on voit encore aux barques pontées d'Espagne et d'Italie ; elle est semblable à celle d'un graffite de Tipasa[1]. La vergue (*antenna*) du grand mât (*epidromus*) est supportée par quatre balanciers (*ceruchi*). On distingue les deux écoutes (*pedes*) de chaque voile et les cordages qui servent à virer la vergue (*opifera*). Comme dans l'autre navire, les gouvernails, sans doute par une erreur du dessinateur, semblent être tous deux sur le même bord.

Le second octogone de droite contenait un groupe de deux animaux placés debout. Celui de gauche, le moins incomplet, semble être un tigre; du moins, sa couleur jaune et les rayures du dos conviennent à un fauve de cette espèce. L'autre est un ruminant, comme l'indiquent ses pieds fourchus, qui seuls sont conservés. Sans doute, le premier était figuré en train de dévorer le second.

1. *Mélanges de l'École de Rome*, XIV, p. 376, fig. 31.

Auprès de ce sujet et sur l'axe médian du bas-côté, on voit, dans un autre octogone, deux quadrupèdes, placés cette fois horizontalement l'un au dessus de l'autre. La bête de dessus, la plus grande, paraît être un bœuf ; pour l'autre, l'identification est plus difficile ; la crinière dorsale, les oreilles et le museau pointu indiquent à volonté une hyène, un chacal, un renard ou un loup. Ces deux animaux pourraient symboliser, l'un (le bœuf) l'idée de force unie à la douceur, l'autre (le renard) celle de sagesse et de prudence ; mais rien n'est moins certain.

Les trois sujets que nous venons de décrire (voir planche II) sont les seuls qui restent des onze octogones que devait renfermer cette portion de la mosaïque. Quant aux demi-cercles qui remplissaient les vides sur les côtés, il en reste trois, qui reproduisent les dessins déjà décrits. Après la quatrième rangée d'octogones se trouvait une inscription dont il reste seulement les deux lettres PI formant la fin de la première ligne. Les tombeaux creusés après coup dans le sol du bas-côté ont détruit tout le surplus. Après cette épigraphe, qui devait avoir quatre ou cinq lignes, la bordure se retournait. Au delà, toute trace de mosaïque disparaît. Nous ignorons donc comment était conçue la décoration de la onzième et dernière travée, ou même si elle a jamais été exécutée. Mais, à part cette lacune, on peut reconstituer avec certitude l'ensemble du pavement de cette partie de l'église.

Mosaïques du bas-côté gauche. — La moisson a été ici bien moins abondante et la cause en est dans les nombreux tombeaux qui ont été creusés dans le sol de ce bas-côté. Les fragments qui subsistent permettent toutefois de reconstituer dans son ensemble le parti décoratif de la fraction postérieure et de constater qu'il n'offrait aucune symétrie avec le côté opposé.

Le premier des motifs conservés que nous rencontrons devant nous est le plus étendu de tous : il correspond aux travées 5, 6, 7, 8 (à partir de la façade). Sa donnée est très franche, assez simple, et non banale ; au point de vue artistique, c'est, à notre avis, le mieux réussi de tous. Il comprenait quatre

octogones, deux décorés d'inscriptions, deux de motifs circu-
laires. Ces octogones sont eux-mêmes encadrés par d'autres,
dont la forme est habilement dissimulée par un sectionnement
diagonal, qui les découpe alternativement en carrés et en
losanges. Tout ce décor est traité très sobrement en rouge et en
vert. Le premier motif rond n'existe plus. Le second nous paraît
avoir représenté un vase d'où s'échappaient des fleurs et des
feuilles ; il a été fort maltraité. Quant aux deux inscriptions,
voici ce qu'il en reste :

1°

. . . . Γ ΛΛS . . . .

. . . .

. . . .

. . . . Λ V S . . . .

. . . . . SI . . . . . .

2°

HAEC. . . . .
QVAE CLAR . . . . .
ΛꞀ

L'encadrement de l'ensemble est une série de triangles iso-
cèles, noirs sur fond blanc, motif bien connu dans le décor
antique[1].

Au delà de ce grand rectangle ainsi occupé, on voit d'abord
une inscription de cinq lignes sur un cadre uni, analogue à
celles du côté droit et occupant probablement comme elles toute
la largeur du bas-côté :

. . . . VR
. . . . S ANIMO . . . . .ANT
. . . . . . LOS MERIT . . . . ET
. . . . EVOTS . . . . ꙮ
. . . . E · V . . . . NLA

---

1. Conf., par exemple, *Mélanges de l'École de Rome*, XIV, p. 361, fig. 23.

Puis, un espace très ruiné et un fragment d'une inscription
analogue (fin de quatre vers):

|LETE LABO_{res?}

laud?|ETVR IN AN|*nos?*

gl?|ORIA DIGN|

|CISQVE TESEL*lis?*

Plus loin encore, on retrouve les traces d'une partie du pavage
représentant un labyrinthe de la forme la plus simple, c'est-à-
dire une sorte de volute carrée ou de grecque à enroulements
multiples, dont les lignes sont blanches et noires. On sait que la
représentation du labyrinthe n'est pas rare sur les monuments
chrétiens [1], où elle paraît symboliser l'existence terrestre, dans
laquelle le fil conducteur de la religion peut seul nous guider.

Après le labyrinthe venait une nouvelle inscription, noire sur
fond blanc, qui avait au moins deux lignes. Il n'en reste que le
haut des cinq premières lettres :

CERNI

Cerni[s]... Elle était encadrée d'une riche bordure qui enve-
loppait aussi le sujet suivant.

Nous arrivons au motif le mieux conservé et le plus curieux
de la série. Au lieu d'être placé dans l'axe du bas-côté, il en
occupait un angle, celui de gauche ; il est permis de se demander s'il avait un pendant du côté droit ; mais la réponse à cette
question n'est pas possible, car une couche de béton, recouvrant probablement des tombes, occupe cette dernière partie.
Quoi qu'il en soit, le sujet est un agneau blanc sur fond noir,
au centre d'une large couronne ouverte, d'une forme très
caractéristique, garnie de pointes régulières qui paraissent être
plutôt des feuilles que des épines. Autour, règne un élégant encadrement composé d'un rinceau de cornes d'abondances et de
fleurettes se détachant, comme le sujet central, en blanc sur fond

---

1. Voir Muntz, *Études iconographiques et archéologiques sur le moyen âge,*
p. 14.

noir (fig. 13). Il est inutile de nous appesantir ici sur le symbole
de l'agneau; nous rappellerons seulement que nous l'avons déjà
trouvé à Tipasa, dans la belle mosaïque, aujourd'hui presque
détruite, du baptistère[1].

Fig. 13.

La bordure se retournait certainement ensuite, bien que
cachée actuellement. Il devait rester, entre elle et le mur, un espace libre, rempli sans doute par du béton. Pour être fixé à cet
égard, il eût fallu déplacer deux lourds sarcophages cimentés
dans le sol, et encore le résultat pouvait-il être négatif. Nous
avons donc préféré laisser les choses en l'état.

Mosaïques de l'abside et de la sacristie droite. — La première
est entièrement détruite ; nous sommes seulement assurés de
son existence par la trouvaille faite d'un petit fragment de bordure unie, rouge et noire, le long du mur circulaire. De plus,
une douzaine de cubes en émail de verre ont été recueillis près
des escaliers. Provenaient-ils du dallage de l'abside? Il semble

1. *Revue africaine*, XXVII, p. 403 et planche.

peu problable que, dans cette partie totalement invisible pour le public, le pavement fût plus riche que partout ailleurs. Nous penserions plutôt que ces cubes proviennent d'une mosaïque ayant orné soit le cul-de-four, soit l'arc de tête de l'abside [1].

La sacristie gauche n'a fourni ni fragments, ni traces d'aucune sorte; mais, dans celle de droite, le sol était décoré. Le dessin, très simple, est blanc sur fond noir; il reproduit un motif cher aux Africains : des carrés accostés de quatre peltes. Mais la façon dont ils sont groupés, les fleurons cruciformes qui les remplissent diffèrent un peu des modèles connus [2]. La bordure est unie, blanche, noire et rouge.

Dans les fragments que nous venons de décrire et qui permettent de restaurer avec vraisemblance plus du tiers de la surface décorée, nous avons relevé côte à côte des représentations animées et des tracés géométriques. Nous avons remarqué que le sol semblait avoir été divisé en un certain nombre de cases rectangulaires, dont chacune a été dessinée sans grand souci des autres; en somme, nous avons constaté dans tout ce décor un manque d'homogénéité, de plan d'ensemble, dont les inscriptions, si elles n'étaient pas aussi mutilées, nous fourniraient peut-être l'explication. Nous examinerons plus tard la question de date.

IV

ESCALIER. TRIBUNE

C'est seulement à la fin des fouilles, et après avoir complètement exploré les deux salles du baptistère, que nous avons mis la

1. Au moment de l'incendie de la seconde église, il devait en subsister bien peu de chose; le feu, la chute des murs ont dû faire disparaître le reste : ceci pour expliquer le petit nombre de ces cubes. Ajoutons que nous avons recueilli plusieurs fragments très légers qui paraissent provenir de la fusion du verre. Peut-être quelques-uns proviennent-ils de là.

2. Par exemple, Delamare, *Exploration archéologique de l'Algérie*, pl. 10.

pioche dans le couloir qui les sépare de la basilique. Jusque-là nous avions cherché dans l'intérieur de cette dernière, avec autant de minutie que d'insuccès, des traces de l'escalier menant à la tribune dont l'existence nous paraissait absolument nécessaire. Le déblaiement du couloir nous donna la solution tant attendue, en mettant à jour les cinq premières marches, parfaitement conservées, d'un bel escalier en pierres de taille, de 1ᵐ,50 de large, montant dans son état actuel jusqu'à 1ᵐ,65 de hauteur. Les marches ont alternativement 0ᵐ,35 et 0ᵐ,30 de hauteur sur 0ᵐ,35 de largeur moyenne.

Aussitôt cette découverte faite, nous fîmes commencer une seconde fouille sur le flanc droit de l'église, en face de l'endroit où avait été trouvé le premier escalier. Mais elle ne donna aucun résultat. Le mur latéral droit de l'édifice paraît en effet avoir été mitoyen avec des constructions particulières, ce qui n'a pas permis l'édification d'un second escalier symétrique au premier.

Il semblerait au premier abord résulter de là que la tribune de droite n'était pas accessible. Il n'en est rien : une galerie appuyée à la façade principale mettait en communication les deux côtés. Cette disposition avait pour inconvénient d'obliger à parcourir *trois fois* la longueur de l'église et une fois sa largeur pour aller de la façade (rez-de-chaussée) au fond du bas-côté droit (tribune). On eût pu l'éviter en faisant un second escalier à droite intérieurement. Mais ces escaliers intérieurs, que l'on construisait en pierre [1], prenaient beaucoup de place et encombraient singulièrement les bas-côtés.

L'existence de la galerie qui reliait les deux tribunes est démontrée par la disposition toute particulière de la première travée. Celle-ci se compose, en effet, non d'une arcade, mais d'un mur ou pilier de 1ᵐ,25 d'épaisseur : elle est d'autre part beaucoup plus étroite que les autres ; sa largeur paraît correspondre à celle de l'escalier (déduction faite d'un pilastre ou d'une demi-colonne). Enfin nous avons retrouvé, en face des deux piliers

---

1. Églises de Reparatus à Orléansville et de Sainte-Salsa à Tipasa.

placés entre les trois portes de la façade, deux bases, qui, sans être absolument en place, ont pu être établies là où elles sont actuellement, et, le long du mur de façade (à l'extérieur), des fragments de colonnes qui peuvent leur convenir. Ainsi ces deux colonnes supposées, les doubles colonnes de départ des travées, et les murs-piliers de la première travée, auraient formé à rez-de-chaussée une sorte de narthex intérieur, correspondant à la galerie de passage du premier étage.

D'ailleurs, même en l'absence des deux colonnes problématiques, la galerie a pu très bien exister; ses poutres, placées au-dessus des murs-piliers, auraient eu la même portée et le même équarissage que les entraits de la ferme principale.

Comment l'escalier arrivait-il au plancher de l'étage? Ce plancher a dû être exactement, comme nous le montrera notre essai de restauration (conf. fig. 14), à 5^m,60 ou 5^m,70 au-dessus du sol. Les marches ayant en moyenne 0^m,35, il fallait donc dix-sept degrés pour y accéder. Or en tenant compte de l'emplacement obligatoire de la porte qui permettait de rentrer dans l'intérieur, et en lui supposant une largeur de 1^m,10, comme aux autres portes intérieures, on arrive à trouver que la partie extérieure de l'escalier avait exactement neuf marches et accédait à un palier situé à 2^m,92 de hauteur. Sur la droite de ce palier, se trouvait la porte, dont le battant était forcément extérieur et devait s'ouvrir vers la gauche. Dans l'épaisseur du mur, on pouvait trouver encore deux marches, soit onze en tout. Il en fallait encore six pour arriver à niveau. Ces dernières étaient certainement en bois, et leur limon s'appuyait, d'une part sur le mur, de l'autre sur les poutrelles du plancher[1]. Cette courte volée pouvait s'adosser soit à gauche sur le mur du fond, soit à droite sur le mur latéral, en retour. Nous préférons la première hypothèse, d'abord comme meilleure au point de vue du dispositif, puis parce qu'elle semble dictée par la forme du massif des sarcophages disposés

---

1. Dans la basilique de Sainte-Salsa, les premières marches étaient en pierre et les dernières en bois.

au dessous : si l'escalier eût été *en long*, on eût mis les tombeaux dans le même sens sous l'escalier. Comme ils sont *en travers*, c'est sans aucun doute que l'escalier était en travers aussi. D'ailleurs, la largeur même du massif (1^m,40) correspond à la largeur probable de l'escalier.

On pourrait objecter que l'escalier étant unique et asymétrique ne conduisait peut-être pas à une tribune, mais à un second étage construit, soit sur la sacristie de gauche, soit sur le baptistère. Mais, pour ce qui est du baptistère, il suffit de jeter les yeux sur le plan pour voir qu'un semblable escalier n'aurait pas abouti, car les gros murs obliques de la salle cruciforme s'opposent à son passage. En effet, cette dernière salle, couverte en voûtes, n'a pas pu avoir d'étage, la chose est évidente. La sacristie est trop petite pour valoir la peine d'un vaste escalier de 1^m,50 de large. Reste la salle d'attente du baptistère, sur laquelle un logement aurait pu fort bien trouver place. Mais il est bien évident que si c'était là qu'on avait voulu accéder, on aurait fait commencer l'escalier au début du couloir et non presque au fond ; car, commençant là où il commence, il lui est matériellement impossible de parvenir sur la salle d'attente, à moins que cette salle n'eût que 3 mètres de hauteur (ce qui, avec ses 6^m,35 de large, ferait une singulière proportion).

On pourrait penser que la tribune est un rajout d'une époque postérieure à la construction de l'église. A l'appui de cette opinion, on pourrait invoquer l'extériorité de l'escalier, qui semble lui-même faire corps avec la première salle du baptistère plutôt qu'avoir été conçu avec l'église elle-même. Or la salle en question pourrait être d'une époque plus récente.

Notre opinion, s'appuyant sur de nombreux arguments, est absolument contraire à cette hypothèse.

Le plus important de nos arguments est dans la difficulté de concevoir l'église *avant* la construction de la tribune. Étant donné que nous possédons une coupe du monument, sculptée au moment même de son édification (voir chapitre vi et fig. 8, n° 2), l'existence primitive du second étage de colonnes et de colonnettes ne saurait être contestée[1]. Or quelle serait la raison d'être de ce second étage s'il ne correspondait pas à un plancher intermédiaire? La logique aurait réprouvé une semblable disposition. Nous n'ignorons pas, à la vérité, que ce faux-étage existe dans beaucoup de basiliques romanes, où il joue un rôle purement décoratif (*triforium*). Mais jamais on n'a vu qu'un faux-étage ait été transformé par la suite en étage réel. Il faudrait donc supposer que l'église a été conçue en vue de la construction possible d'une tribune? Mais alors il n'en coûtait pas plus de faire le plancher et l'escalier, quitte à les utiliser plus tard. Il est d'ailleurs aussi facile de rajouter un escalier à l'intérieur qu'à l'extérieur, d'autant que, dans le premier cas, la place perdue à rez-de-chaussée est largement compensée au dessus. Au contraire, l'escalier placé extérieurement nous semble montrer la préoccupation des constructeurs de ne rien perdre de l'emplacement disponible, en un mot de faire aussi grand que possible.

D'autre part, avec la tribune, nous arrivons pour la hauteur de la nef, par des conclusions absolument rigoureuses, à une hauteur déterminée, et cette hauteur nous fournit précisément pour la coupe transversale une proportion tout à fait normale et classique (1/2). Si nous supposons l'église primitive sans étage sur les bas-côtés, voici au contraire que la largeur de la nef devient beaucoup trop grande pour la hauteur.

Enfin, la disposition de la première travée vient encore à l'appui de l'existence primitive de l'étage, en expliquant comment un seul escalier pouvait suffire pour les deux bas-côtés. Or cette première travée n'a pas été bouchée après coup, bien qu'elle ne fasse pas corps avec les piliers de la façade : la largeur différente et le fait qu'elle est en supplément, le montrent assez.

Tout prouve donc que l'escalier et la tribune sont contemporains de la construction de la basilique.

---

1. On pourrait tirer argument de cette coupe pour dire que primitivement l'église s'arrêtait en hauteur aux chapiteaux du second étage de colonnes, comme sur le bas-relief. Mais alors comment se serait-elle éclairée?

V

DATE PROBABLE DE LA CONSTRUCTION ET REMANIEMENTS

Détermination de la date de la construction. — Nous n'avons
trouvé dans les ruines de la basilique aucun document épigra-
phique qui nous indique la date précise de sa construction. En
examinant les chapiteaux qui paraissent avoir été taillés exprès
pour cet édifice, ainsi que le style des ornements et des sujets
sculptés sur les dosserets et sur les frontons, plus d'un archéo-
logue pensera peut-être à l'attribuer de prime-abord à l'époque
byzantine. Il semble en effet que l'on soit assez porté à appeler
byzantin tout ce qui dans l'art africain s'éloigne des formes classiques et ne peut être considéré comme punique : de même, dans
le relevé des ruines, cette qualification a été volontiers appliquée
à tous les forts et fortins, si nombreux en Afrique, qui ont été
bâtis avec des matériaux ayant appartenu auparavant à des monuments romains. Il y a là une exagération dont il faut se défier.
Étudions donc la question de plus près.

Nous n'avons trouvé qu'un seul monogramme du Christ qui
présente exactement la forme dite constantinienne ☧, d'un emploi
si général au IVᵉ siècle et au début du Vᵉ. C'est celui qui est gravé
sur un des montants de la porte du fond de la sacristie de droite
(conf. p. 17). Cette forme de chrisme ne se rencontre pas sur nos
dosserets et frontons. On voit seulement, sur un de ces dosserets,
un X, sur les branches duquel viennent se greffer plusieurs P[1] :
le sculpteur a voulu rajeunir par cette fantaisie un motif devenu
trop banal. On ne rencontre pas non plus la croix simple qui
abonde sur les monuments byzantins. En revanche, la croix
monogrammatique, usitée en Afrique surtout au Vᵉ siècle et dans
la première moitié du VIᵉ, se voit à plusieurs reprises, simple,

____

1. Fig. 7, nᵒ 9.

⳨, ou retournée ⳨[1] ; le dosseret, n° 5 de la fig. 6, présente la croix monogrammatique avec la forme latine de l'R, et accostée de l'α et de l'ω. Cette forme, nous l'avons dit[2], a été en usage dans la première moitié du vi[e] siècle, mais on la constate dès l'année 454. Quant au style des personnages et des animaux figurés sur les dosserets, il ressemble à celui des lampes chrétiennes en terre rouge si communes en Afrique et en particulier à Carthage[3] ; il rappelle aussi de près les carreaux en terre cuite qui ont été trouvés en divers lieux de la Tunisie[4]. Or ces lampes paraissent appartenir, pour une bonne part, à l'époque de la domination byzantine. Déterminer l'âge exact des carreaux est bien difficile. M. de Rossi place ceux dont il a vu des reproductions vers le ve siècle[5] ; M. Le Blant fait remarquer que la forme des caractères de l'inscription + SCT MARIA AIVBA NOS +, que porte un de ces carreaux, paraît indiquer une partie avancée du vi[e] siècle[6]. « Je ne crois, dit M. de La Blanchère[7], qu'ils remontent plus haut que le milieu du ve siècle, ni qu'ils descendent beaucoup plus bas que le milieu du suivant ». En somme, une chronologie précise n'est pas possible. Ce « style », qui, au fond, se caractérise surtout par la lourdeur et l'incorrection enfantine du dessin, a pu régner longtemps. D'autre part, l'ornementation des frontons est analogue à celle qui apparaît sur des édifices de Syrie, attribués par M. de Vogüé au ve siècle[8] ; cependant il y a là parenté de style, non identité et, en outre, l'éloignement des deux pays est si grand qu'il serait peut-être téméraire d'appliquer

---

1. Fig. 6, n° 3 ; fig. 8, n° 4 ; fig. 9, n° 4.

2. P. 32.

3. Publiées par le P. Delattre, dans la *Revue de l'art chrétien*, années 1890 et suivantes.

4. Sur ces carreaux, voir en particulier La Blanchère, *Revue archéologique*, 1888, I, p. 303 et suiv.; Le Blant, *ibid.*, 1893, II, p. 273 et suiv.

5. *Bull. di archeologia cristiana*, 1884-1885, p. 54.

6. *L. c.*, p. 280. Il en est de même de celui qui porte l'inscription S(an)C-(tu)S ΔΑΝΙΕΛ (*Bulletin du Comité*, 1894, p. 292).

7. *L. c.*, p. 320.

8. *Syrie centrale*, en particulier, I, p. 82, fig. 32 ; p. 92, fig. 35 ; pl. 33 e pl. 46, fig. 2.

exactement aux monuments de l'un la chronologie de ceux de
l'autre.

En ce qui concerne la mosaïque, il faut d'abord remarquer
qu'elle n'est pas nécessairement contemporaine de la fondation
de l'église et que, d'ailleurs, nous avons cru reconnaître qu'elle
n'a pas été faite en une fois. Ajoutons que les parties ornemen-
tales ne peuvent donner aucun élément chronologique sérieux.
Les motifs qui les composent paraissent s'être perpétués pendant
plusieurs centaines d'années en Afrique; transmis sans changement d'une époque à l'autre, nous les rencontrons du iv⁰ au
vi⁰ siècle, indifféremment employés. La caractéristique de cet art
paraît avoir été l'attachement à des formes, d'ailleurs apportées
du dehors, et auxquelles rien n'indique que les Africains aient
ajouté quoi que ce soit. En Afrique même, nous retrouvons les
étoiles à deux carrés tressés dans la basilique d'Orléansville
(fondée en 324)[1]; les tresses dans des carrés, les bandes de
triangles dans celle d'Alexandre à Tipasa (fin du iv⁰ siècle ou
commencement du v⁰)[2]; les carrés à peltes, les croix nattées sur
des mosaïques attribuées au v⁰ siècle[3].

Les animaux qui figurent dans nos mosaïques rappellent ceux
des carreaux de terre cuite dont nous avons parlé plus haut. Les
personnages ressemblent à ceux des mosaïques de Sertei (années
444 et 467[4]), de Tébessa (fin du v⁰ siècle ou début du vi⁰)[5], de
Tabarka (v⁰ siècle); ils sont encore un peu plus maladroitement
dessinés, voilà tout.

Examinons la forme des lettres dans les inscriptions des mosaïques de notre église. Les A et les H ont en général leur barre médiane brisée, ce qui ne permet pas de remonter plus haut que le
v⁰ siècle[6], mais on trouve aussi quelques A qui ont gardé la barre

<hr>

1. Ibos, *Notice sur la mosaïque d'Orléansville* (Alger, 1895). planche. — L'inscription donnant cette date est précisément placée dans une de ces étoiles.
2. Mosaïque inédite.
3. Par exemple à Tipasa : voir la planche V de Gsell, *Recherches*.
4. *Bulletin du Comité*, 1888, pl. XIII.
5. *Recueil de Constantine*, XIV, 1870, pl. XI, et *C. I. L.*, 2013.
6. Voir Gsell, *Recherches*, 25, n. 1.

droite. La partie supérieure de la panse du D s'abaisse tandis que le bas se développe ; cette lettre ne présente cependant pas encore la forme du Δ, si fréquente sur les monuments byzantins. Le Q a soit sa forme classique, soit la forme usitée à l'époque byzantine, mais aussi déjà au ve siècle[1].

En résumé, d'après toutes ces observations, la basilique de Rusuccuru paraît dater du milieu ou de la seconde moitié du ve siècle, ou du début du vi^e.

Elle présente, nous l'avons vu[2], des galeries placées au-dessus des bas-côtés et de la partie antérieure de la nef. En Orient, on connaît des exemples de cette disposition qui datent du ve siècle, à Constantinople et à Thessalonique. Mais à Rome, elle n'a été adoptée que vers la fin du vi^e siècle, sous l'influence des Byzantins[3]. En Afrique, nous ne connaissons que quatre églises à tribunes : la nôtre ; celle d'Orléansville élevée en 324, mais où les tribunes sont peut-être une addition postérieure ; celle de Tébessa où la date des tribunes ne semble pas non plus pouvoir être fixée avec précision ; enfin celle de Sainte-Salsa à Tipasa, où elles datent du ve ou du commencement du vi^e siècle[4]. Il est donc difficile de dire à quelle époque on a commencé à faire des galeries dans les monuments chrétiens d'Afrique : en tout cas, on ne saurait se servir des faits constatés à Rome, pour trouver dans cet arrangement architectural un motif de dater notre basilique d'une époque postérieure à la venue des Byzantins (533 ap. J.-C.).

Ce qui est certain, c'est qu'elle est antérieure à la construction du second rempart de Rusuccuru : autrement on ne comprendrait pas que la principale église chrétienne de la ville, église qui n'a-

---

1. *Bull. de Comité*, 1888, pl. XIII (inscriptions des années 444 et 467). En somme, cette paléographie rappelle beaucoup celle de l'inscription de Sainte-Salsa, qu'il y a des raisons sérieuses de placer vers 450.
2. Chapitre iv.
3. Holtzinger, *Die altchristliche Architektur*, p. 36-37.
4. Peut-être la date attribuée dans le livre de M. Gsell (*Recherches*, p. 40) à l'agrandissement de l'église (523-530 environ) est-elle trop basse : cette modification pourrait remonter à l'époque de l'évêque Potentius, vers 450. Nous ne saurions examiner cette question ici.

vait à l'origine aucune destination funéraire, ait été construite *extra muros*, isolée et laissée sans protection. En outre, ce rempart, par sa confection hâtive et par l'espace restreint qu'il enserre, indique une époque de pleine décadence, qui contraste profondément avec l'importance et la riche décoration de notre édifice. Or le rempart en question, certainement postérieur à Genséric, date vraisemblablement, comme nous le verrons, du temps des Byzantins.

La basilique se trouve, au contraire, en deçà du plus ancien rempart, du rempart romain, qui parait avoir été renversé par le même Genséric, maître de cette partie de l'Afrique depuis 455 : on sait que ce roi fit démanteler les murailles de presque toutes les villes de ses États, pour empêcher ses sujets de se révolter et les Romains de trouver des places fortifiées, dans le cas où ils viendraient lui faire la guerre[1]. Ce premier rempart était-il encore debout quand la basilique fut construite? Bien que nous ne puissions rien affirmer à cet égard, nous serions assez tenté de le croire : dans le choix de l'emplacement qu'elle occupe, on semble en effet avoir tenu compte de la protection que le rempart pouvait lui assurer[2].

Nous avons du reste peine à croire qu'elle ait pu être élevée sous les souverains vandales, hérétiques ariens, comme l'on sait. Sans doute, il y eut des répits dans les persécutions que Genséric fit subir aux catholiques, mais le temps n'était certes pas propice à la construction d'une église aussi grande et aussi luxueuse. Il est inutile de rappeler comment Hunéric traita les catholiques. de son royaume[3]. Procope nous apprend que la Maurétanie

---

1. Procope, *De bello Vandalico*, I, 5; *De aedificiis*, VI, 5. Conf. *Mélanges de l'École de Rome*, XIV, p. 329. Naturellement ceci s'applique surtout aux villes de la côte, où des débarquements de troupes impériales auraient pu être effectués.

2. Voir le plan de la ville. La position de cette basilique par rapport au rempart romain est la même que celle de la basilique principale de Tipasa (*Mélanges de l'École française de Rome*, XIV, 1894, p. 359).

3. Nous supposons naturellement que notre basilique était catholique. Nous n'avons aucune raison de croire qu'elle ait été élevée par des ariens :

Césarienne échappa à ses successeurs; les indigènes révoltés contre eux en étaient alors les maîtres[1]. Les montagnards de la Kabylie, si remuants au temps des Romains, ne durent pas être les derniers à secouer le joug. Pour ce qui est de Rusuccuru en particulier, les citadins continuèrent-ils à reconnaître l'autorité des souverains vandales? Devinrent-ils indépendants, se défendant eux-mêmes tant bien que mal contre les incursions des indigènes? Ou durent-ils accepter la suzeraineté de quelque roi maure, dominant dans la région? Nous l'ignorons. En tout cas, leur situation devait être alors très précaire. Quand les Byzantins eurent détruit la domination vandale en Afrique, Bélisaire envoya un de ses lieutenants reprendre Césarée[2]. L'intérieur du pays resta aux Maures[3], sans cependant être privé de toutes relations avec les parties de l'Afrique soumises aux Grecs[4]. Quant à Rusuccuru, facilement abordable à cause de sa position maritime, elle put sans doute être occupée par les Byzantins, mais elle n'en eut pas moins à s'inquiéter des Maures qui l'entouraient, ce que prouve la construction du rempart, postérieur à notre basilique.

En somme, la période qui paraît le mieux convenir à l'édification de cette église, c'est celle qui suivit l'entrée des Vandales en Afrique et leurs courses dévastatrices à travers cette contrée, et qui précéda la conquête définitive des Maurétanies par Genséric. Après l'invasion, qui se place probablement en 429, un traité, conclu en 435 et renouvelé en 442, rendit à l'empereur Valentinien les provinces maurétaniennes, qui, jusqu'en 455, jouirent de quelque tranquillité. Les hérétiques s'étaient surtout acharnés contre les édifices du culte catholique[5] : le clergé et les fidèles,

il n'y avait sans doute à Rusuccuru que quelques Vandales, chargés d'assurer la fidélité de cette ville à leur roi.

1. *De bello Vandalico*, II, 10; conf. I, 20.
2. Procope, *op. cit.*, II, 5.
3. Procope, I, 20.
4. Voir à ce sujet Gelzer, *Byzantinische Zeitschrift*, II, 1893, p. 26 et suiv.
5. Victor de Vite (éd. Petschenig), I, 4; Possidius, *Vie du saint Augustin*, XXVIII.

sous l'impulsion du pape Léon le Grand et du pouvoir impérial, s'efforcèrent de réparer ces désastres[1]. On voit que la basilique de Rusuccuru a très bien pu être construite à cette époque. C'est là d'ailleurs une simple hypothèse : nous ne la présentons que sous toutes réserves.

Remaniements. — Nous avons constaté que deux des portes de la façade principale ont été retrécies, mais est-ce bien là, à proprement parler, un remaniement? Il semble impossible que cette modification n'ait pas été faite au cours de la construction. Comment expliquer autrement que les piles intérieures viennent buter précisément dans les vides bouchés par le rétrécissement de ces portes? Nous ne voyons à ce fait que deux explications : ou un changement de plan en cours d'exécution, — ou que le mur de face avec ses trois portes ait appartenu à un édifice antérieur utilisé.

Mais bien d'autres remaniements, plus récents que celui-ci, sont à noter dans le reste de l'église. Le plus apparent consiste dans l'interposition d'une série de murs coupant les trois nefs transversalement, juste au milieu. Les gros piliers centraux ont été utilisés dans cette nouvelle clôture, dont le but certain était de reculer la façade en réduisant de moitié la surface couverte. La nouvelle façade était percée de trois portes donnant accès, non plus dans la seule nef centrale, mais dans chacune des trois nefs directement. Celle de gauche a disparu, mais celle de droite est encore très visible. Ce qui reste de ces murs nous donne une idée de la façon hâtive et misérable dont ils furent construits. Les deux montants de la porte centrale s'appuient sur des dosserets empruntés sans doute à la partie antérieure.

La disparition presque complète des colonnes de la partie antérieure, du côté gauche, offre un caractère assez systématique pour prouver que cette partie, une fois détruite, a été déblayée méthodiquement.

---

1. Gsell, *Recherches,* p. 24; abbé Duchesne, *Bulletin du Comité,* 1892, p. 316.

A la même période appartiennent les murs élevés, au delà des piliers centraux, entre les doubles colonnes. Nous y retrouvons aussi des matériaux de l'église elle-même, qui indiquent assez l'état de ruine où elle devait se trouver : à droite, ce sont des fragments de chambranle, à gauche, deux frontons sculptés. On remarque que ces murs comportaient des piliers dans le centre des travées. A cette même époque s'appliquera également la présence dans le vaisseau central d'une rangée de piliers et colonnes correspondant à peu près aux doubles colonnes primitives. Quatre de ces piliers sont, comme ceux de l'entrée, établis sur des dosserets retournés, la face en avant, de telle sorte que les figures qui les décorent ne cessaient pas d'être vues, mais la tête en bas. Enfin, du même remaniement fait partie sans doute la réparation du mur situé au fond du bas-côté droit, où ont été remployés un linteau entier et un grand morceau de corniche, provenant tous deux de l'église même. En revanche, nous attribuons à une époque plus ancienne deux additions très caractéristiques : la première est un vaste massif en belles pierres de taille bien ajustées, élevé en avant de l'abside, et qui semble avoir été un autel ; la seconde, une série de quatre sarcophages réunis au fond du bas-côté gauche, bien équarris et bien cimentés, qui recouvrent en partie la mosaïque. Le caractère soigné de l'une et de l'autre de ces additions montre suffisamment qu'elles ont été exécutées au moment où l'édifice était encore intact.

Nous distinguons donc jusqu'à présent trois époques : la première est celle de la construction de la basilique ; à la seconde se place l'addition d'un autel maçonné et de sarcophages ; la troisième comprend la restauration de la moitié de l'édifice après un premier incendie.

Une quatrième période, la plus récente de toutes, est caractérisée par l'invasion des bas-côtés et des sacristies par des tombeaux creusés dans le sol, au grand dommage de la mosaïque. En même temps, du côté gauche, furent construites différentes murettes destinées sans doute à limiter les tombes. Un fait remarquable, c'est que plusieurs de ces tombes sont arabes. Bien qu'elles ne portent aucune inscription, la seule présence de deux pierres debout, solidement fichées en terre aux pieds et à la tête, suffit à faire cette détermination. Nous avons relevé au moins trois sépultures de ce genre. Il pouvait y en avoir d'autres qui nous ont échappé. Nous avons aussi trouvé, à gauche, trois ou quatre tombes de très petites dimensions, qui ont sans doute contenu des enfants, et qui étaient formées latéralement par un cadre en pierres plates[1]. Signalons aussi, du même côté et devant les sarcophages, une plate-forme en béton qui a remplacé la mosaïque, et qui recouvre sans doute d'autres sépultures.

Les sacristies aussi ont été bien modifiées. A une basse époque, celle de droite, étant en partie comblée, son mur de fond fut remplacé par un autre en forme d'arc de cercle, qui dessine de ce côté comme un rudiment d'absidiole. C'est là un très récent arrangement, car il semble postérieur à l'établissement de tombes dans le sol même de la sacristie, établissement qui n'a pu être fait qu'à une époque de malheur, où le sanctuaire, même rétréci, était encore assez vaste pour contenir à la fois les morts et les vivants.

Il reste enfin à se demander de quelle époque relative datent les quatre colonnes de l'abside, encore en place, qui devaient sans doute supporter un *ciborium* ? L'autel, ainsi placé, accuserait une date plutôt récente, et il n'est guère permis de croire que ce fût là sa place primitive. D'un autre côté, bien que le mode de placement de ces colonnes soit défectueux[2], bien qu'elles semblent avoir été mises là quand la mosaïque de l'abside n'existait plus, il ne nous convient guère d'attribuer cette disposition heureuse et élégante aux misérables rebâtisseurs qui ont élevé la colonnade centrale. Nous préférerions placer ce changement entre l'édification de l'autel dans la nef et le premier incendie de l'église.

1. Nous n'avons pas indiqué sur notre plan ces sépultures, disséminées au hasard.
2. Voir plus haut, p. 16.

VI

ESSAI DE RESTAURATION

Après avoir exploré l'édifice dans toutes ses parties, recueilli et mesuré les divers matériaux, observé à quelle place ils se trouvent et dans quelle position ils sont tombés, le moment est venu de chercher à reconstituer l'ensemble, en nous aidant de toutes ces données.

Plan. — Le plan nous est connu dans tous ses détails. Bien que les colonnes de la partie antérieure aient tout à fait disparu à gauche, en partie à droite, nous savons exactement leur nombre et leur disposition. On peut seulement hésiter sur un point secondaire : combien de ces colonnes étaient remplacées par des piliers ? La chose a d'ailleurs bien peu d'importance, puisque les constructeurs — nous le savons par les parties encore debout — ont fait cette substitution à peu près au hasard, en s'arrangeant seulement pour qu'un spectateur placé dans la nef ne vît que des colonnes.

Le plan étant déterminé, il faut encore le débarrasser de toutes les constructions parasitaires de basse époque que nous avons reconnu être des remaniements : le mur transversal du centre, les tombeaux, les murs entre les colonnes, les quatre colonnes de l'autel, le mur circulaire de la sacristie de droite.

Le pavement peut être reconstitué en totalité, grâce aux fragments restants, dans presque toute la longueur du bas côté droit. Il peut l'être en partie dans les deux tiers du bas-côté gauche; enfin dans la nef, nous ne possédons que le motif central.

Façade. — De la façade, nous connaissons les trois portes en plein cintre, avec leur largeur et leur hauteur aussi exacte que si les arcs existaient encore. Au dessus, nous pouvons placer sans hésitation les sept plates-bandes de décharge dont une est à sa place et d'autres ont été retrouvées. Enfin, nous savons que ce même mur de face se dédouble à hauteur de la naissance des arcs, laissant du côté intérieur une assise horizontale de 0ᵐ,50, où semblent avoir posé des demi-colonnes (situation de la demi-colonne tombée par dessus les autres débris)[1]. Pour faire sur ce « revers » de la façade une supposition plus précise, nous devons attendre d'avoir reconstitué le reste de la nef. La nef en effet était une vaste salle dont les quatre côtés intérieurs étaient vus ensemble et devaient par suite s'harmoniser entre eux.

Coupe longitudinale. — Ce sont les longs côtés de la nef qu'il s'agit de remettre par l'imagination dans leur état ancien.

Tout d'abord, la rangée des colonnes doubles : leur hauteur varie, nous l'avons vu, de 2ᵐ,95 à 3ᵐ,05. Sur les chapiteaux que portaient ces colonnes venaient s'appuyer des arcs, comme le prouvaient, avant toute fouille, le pilier placé au centre, dans la colonnade de droite, et le pilier du fond (à droite de l'abside) auquel cette colonnade aboutit. Ils portent encore, en effet, le premier un sommier complet avec ses deux amorces, le second un claveau de départ resté en attente. Mais ces arcs ne reposaient pas immédiatement sur les chapiteaux. Les deux piliers en question le prouvaient aussi, car ils donnaient d'une manière certaine la hauteur de la naissance des arcades ; or ce niveau n'a pu nulle part être atteint par le sommet des chapiteaux. Le raisonnement fait donc voir qu'il faut admettre l'intercalation d'un membre d'architecture entre les chapiteaux des doubles colonnes et le sommier de l'arcade. Mieux encore que par le raisonnement, la chose est prouvée par l'état où nous avons trouvé la quatrième travée de droite, écroulée d'un seul bloc sur le sol et que d'autres débris avaient recouverte sans la modifier[2]. La colonne gît à terre, surmontée de son chapiteau ionique ; au-dessus, le dosseret, qui s'est un peu tourné à droite en tombant (le sujet de la face représente Daniel dans la fosse aux lions). Sur la partie *pos-*

---

1. Voir p. 14.
2. Depuis cette trouvaille, les nécessités du déblai nous ont fait modifier la situation de l'arc ; mais des photographies en ont conservé la frappante ordonnance.

térieure du dosseret porte le sommier, en forme de pentagone, à droite duquel sont disposés dans un ordre parfait les treize claveaux qui composent l'arc.

Fig. 14.

Cette précieuse découverte équivaut à une reconstitution complète jusqu'à la hauteur de 5^m,30.

Nous avons dit que le sommier ne portait pas sur *tout le dos-*

seret; en effet, tandis que ce dernier a une épaisseur moyenne de
1 mètre, le premier n'en a que $0^m,50$. C'est exactement ce qui a
lieu dans le pilier central en place[1]. De même, les amorces d'arcs
de l'abside n'ont que $0^m,50$ d'épaisseur, et sont en retrait sur
les angles.

Nous connaissons donc les colonnes, les chapiteaux, les dosserets, les sommiers et les arcs. Mais en avant de ceux-ci, sur
les piliers comme sur les colonnes, il reste une place libre. Évidemment cette place devait être occupée par un pilier ou par une
colonne. Or, partout nous trouvons les traces de colonnes et de
demi-colonnes, les unes brisées, les autres entières, dont la dimension convient parfaitement à cet usage. Ce sont les colonnes
de la seconde série distinguée plus haut[2]. Dans la partie antérieure de la nef, elles étaient par dessus tous les autres débris,
ce qui est une preuve qu'elles proviennent des parties hautes.
Leur hauteur varie entre $2^m,10$ et $2^m,25$.

On pourra, à la vérité, s'étonner que nous disions indifféremment : colonnes ou demi-colonnes. Un détail nous montre pourtant que les constructeurs n'ont pas reculé devant cette substitution : dans la colonnade qui sépare la nef de l'abside, on voit
en place cinq bases de colonnes et une base de demi-colonne. La
démonstration est donc faite *ipso facto*. D'ailleurs cette différence
était-elle plus choquante que celles qui existaient entre les chapiteaux, alternativement ioniques, toscans et corinthiens ? Entre
les dosserets, dont les dessins et les dimensions varient du tout
au tout ? Qu'on regarde d'ailleurs les vieilles églises du ixe au
xiie siècle, en France et en Italie, construites avec des matériaux
antiques presque toujours disparates ; ne sera-t-on pas contraint
d'avouer que cette variété, barbare si l'on veut, mais rendue
nécessaire par le malheur des temps, est à tout prendre moins
monotone et moins froide que la répétition indéfinie d'un même
type, non seulement dans un même monument, mais dans cent

1. Conf. p. 14.
2. Voir p. 24.

monuments différents. L'abus de la correction symétrique a
amené par réaction l'abus de la disparité, et les décorateurs du
moyen âge et du début de la Renaissance ont érigé en règle de
goût. ce qui n'était chez leurs ancêtres qu'un résultat des nécessités de l'époque.

C'est ainsi que l'architecte de Rusuccuru, disposant d'un certain nombre de colonnes et de demi-colonnes, n'a pas hésité à
les mettre en pendant les unes aux autres. Peut-être même sont-
ce seulement les fûts complets qui proviennent de bâtiments
anciens ; peut-être les demi-colonnes, plus lourdes d'aspect et
plus uniformes de hauteur et de galbe, sont-elles de l'époque. Ce
qui tendrait à le confirmer, c'est que la même différence de style
se constate sur les bases : les demi-bases paraissent plus récentes
que les bases entières ; on observe sur les premières seules des
palmes, des lignes peu classiques qui trahissent un goût nouveau.
Ajoutons que les demi-colonnes étaient là mieux à leur place,
comme plus stables et comme effectivement adossées à un mur.
Tout porte donc à croire qu'elles ont été taillées exprès, pour
remplir les vides là où les colonnes faisaient défaut.

Nous arrivons maintenant aux frontons. Nous avons déjà dit
comment nous avions été amené à reconnaître leur rôle ; c'est
donc un point acquis. A ce point, il faut en ajouter un autre :
c'est qu'*il y avait un fronton par travée*. La fouille du bas-côté
droit le montre d'une manière indéniable ; elle nous donne même
très exactement leur succession :

1re travée, type : grecque.

2e   —   —   cordes.

3e   —   —   rosaces.

4e   —   —   cordes.

5e   —   —   grecque.

Que ces frontons fussent placés au-dessus des arcades, c'est ce
qui est absolument évident. Mais était-ce immédiatement au-
dessus ou en étaient-ils séparés par une certaine épaisseur de
maçonnerie ? La première hypothèse est certainement la seule
rationnelle ; puisque ces frontons ne sont que des décharges

destinées à soulager les arcs, plus ils seront rapprochés de ceux-ci, plus ils les protégeront. Tels les linteaux aux dessus des portes de la façade.

Examinons la largeur de ces frontons. Si nous les supposons terminés en pointe aiguë, ils atteignent en moyenne 2^m,50. Mais es angles vifs ont été abattus (probablement dans tous), ce qui les réduit à 2^m,30. Comme les travées ont en moyenne 2^m,80, ceci suppose entre deux frontons successifs un pilier de 0^m,50, qui se trouverait précisément derrière la colonne adossée.

Que nous reste-t-il comme matériaux pouvant provenir des travées ? D'abord des bases et des chapiteaux dont la grandeur correspond aux colonnes et demi-colonnes ; puis un certain nombre de dosserets encore, car ceux que nous avons recueillis sont trop nombreux pour qu'en en attribuant un à chaque couple de colonnes, la série en soit épuisée. Il faut donc conclure que le second étage de colonnes possédait, comme le premier, des chapiteaux et des dosserets, et, en plus, des bases.

Il reste aussi — et c'est là que commence réellement l'embarras de l'architecte, — la troisième série des colonnes, dont le type complet avec base et chapiteau, donne une hauteur de 2^m,25. Il est même probable qu'une partie au moins de ces colonnettes portaient aussi des dosserets, car on en a retrouvé plusieurs trop petits pour être attribués aux colonnes de la première et de la seconde série[1]. Remarquons encore que ces petites colonnes sont bien moins nombreuses que les précédentes (moitié moins) : ce qui tend à faire croire qu'il n'y en a qu'une par travée.

Enfin, il reste beaucoup de fragments de piliers de 0^m,50 $\times$ 0^m,50 et de hauteur variable, quelques pierres longues de 2^m,20 que nous avons supposé avoir supporté les frontons, et d'autres pierres de la forme ◢◣ ci-contre, dont le rôle est déter-

---

1. Cf. p. 34, pour les corniches tenant lieu de dosserets qui n'ont qu'une hauteur de 0^m,25. Nous croyons aussi avoir rencontré de petits sommiers pouvant aller sur ces colonnes ou sur leurs dosserets, mais il se pourrait, à la vérité, que ce fussent de simples claveaux des arcs inférieurs.

miné par la position de l'une d'elles : dans la première travée, elle a été trouvée adhérant à une des moitiés du fronton. Cette découverte est précieuse, car elle nous montre que celui-ci avait à porter à cheval sous son sommet un poids quelconque, puis-qu'on a éprouvé le besoin de le surmonter d'une sorte de coussinet.

On n'a trouvé que quatre ou cinq de ces pierres, et il est probable que tous les frontons n'en possédaient pas. En effet, plusieurs de ceux dont le haut est conservé nous montrent dans cette partie une double entaille, cachée par la saillie et n'existant que dans la partie à plomb ; cette entaille est horizontale ; elle est évidemment destinée à supporter une pierre carrée[1].

Les deux artifices reviennent au même résultat : obtenir (ici par ajoutement, là par retranchement) une assise horizontale sur le point culminant du fronton, qui était sans doute le plus chargé.

Du rapprochement de ce fait significatif avec le nombre même des colonnettes, ne résulte-t-il pas presque nécessairement que celles-ci étaient placées sur le sommet des frontons? Nous admettons que cette coïncidence n'a pas la valeur d'une démonstration rigoureuse ; nous savons aussi quel argument on peut tirer « du style des monuments contemporains » — et de l'audacieuse nouveauté d'un pareil arrangement. Aussi une pareille supposition, malgré sa logique séduisante et son caractère presque fatal, devrait-elle rester dans le domaine de la stricte hypothèse, si un document incontestable ne venait lui donner une confirmation bien grave et bien inattendue.

La pierre, que nous dessinons fig. 8, nº 2, est une de ces moitiés de frontons dont nous avons tant parlé. Elle est reproduite quatre fois, sans variante notable. L'un des exemplaires a été offert par nous au Musée du Louvre, car nous le considérons comme un des documents les plus curieux que nous aient

---

1. Elle n'existe que dans les frontons formant corniche. Dans ceux qui sont d'égale épaisseur partout, la coupure n'aurait été cachée par rien. Aussi est-ce dans ceux-ci qu'on a préféré placer une pierre évidée par-dessus le fronton.

livrés les fouilles. Cette pierre, si hardiment et si artistement fouillée, que nous avions prise nous-même tout d'abord pour la représentation d'un portique idéal, — bizarre à la vérité, — mais purement imaginaire, n'est autre en réalité que la coupe longitudinale de l'église elle-même. Les colonnes, les arcs, les frontons, le second étage des colonnes, enfin les colonnettes posées *sur le sommet des triangles*, tout y est. Malheureusement, faute de hauteur, le sculpteur s'est arrêté là. Il ne nous a pas donné le graphique de la partie supérieure, et là où son ciseau s'est arrêté, la place manquant, là commencent réellement pour nous l'incertitude et l'hypothèse.

Avec les renseignements que nous avons réunis, nous pouvons essayer de dessiner une travée de l'église. L'inspection du bas-relief et les nécessités de la composition nous amènent à intercaler entre la colonne double et la demi-colonne un bloc ou pilier de $0^m,50 \times 0^m,50 \times 1^m,90$, qui sert de piédestal à la dernière. Non seulement rien ne s'oppose à ce surhaussement, mais la logique même l'exige. Si la base eût posé directement sur la large assise du dosseret, pourquoi n'en serait-il resté aucune sur les quatre dosserets encore en place? On ne s'expliquerait guère qu'elles eussent dévié d'un plan de sustentation aussi étendu. Passe encore pour le pilier central, qui s'est incliné; mais les piliers des portes n'ont pas bougé, et pourtant les bases n'y sont plus, tandis qu'elles sont encore à leur place sur le mur de l'abside. Au contraire, si l'on admet ce dé plus haut que large, indiqué clairement par le bas-relief, on s'explique tout naturellement que, posé sur son petit côté, il ait basculé et soit tombé de son assise.

Derrière les demi-colonnes, nous devons supposer des piliers de $0^m,50 \times 0^m,50$ également, ce qui coïncide avec la largeur des frontons. Entre ceux-ci et les arcs, nous sommes certain qu'il y avait un remplissage en moellons[1]. Au dessus, au contraire, il n'est guère possible de supposer une partie pleine, car alors que deviendrait la colonnette? Elle serait encastrée dans un mur, ce

____

1. Voir plus haut, p. 39.

qui est inadmissible; aucune n'en porte d'ailleurs de traces. A droite et à gauche d'elle, il y avait donc un vide[1]. D'autre part, pour que les demi-colonnes aient leur raison d'être, il faut absolument qu'elles supportent quelque chose. N'oublions pas qu'elles sont surmontées de dosserets. Par analogie avec le bas, à une deuxième série de dosserets doit correspondre une deuxième série d'arcs. Cependant, comme ici il n'y a plus de colonnes à porter, les arcs doivent avoir cette fois toute l'épaisseur des dosserets, soit 1 mètre.

Maintenant, que supporte la colonnette médiane? Deux petits arcs? ou une seule plate-bande? Dans ce cas, les pierres de $2^m,20$ pourraient remplir cet office. Deux plates-bandes enfin? Il ne manque pas de blocs de $1^m,40$ environ, ayant pu avoir cette destination. Les trois suppositions peuvent se soutenir, et nous n'avons adopté l'arc que comme plus solide et plus en harmonie de style avec le reste de la composition.

Enfin, il faut bien éclairer la nef, et quelque répugnance que l'on éprouve à surhausser encore ce fragile échafaudage, on doit se résoudre à supposer une fenêtre, si petite soit-elle, pour chaque travée. Dans toutes les basiliques connues, ces fenêtres existent et si l'on voulait, je suppose, couvrir les trois nefs par un seul et même toit à deux pentes, on n'aurait pas un seul exemple certain à citer à l'appui d'une pareille disposition. Résumons-nous : les matériaux trouvés, leurs dimensions et leur emplacement, concordant avec les indications du bas-relief qui représentent la coupe, nous donnent rigoureusement la restitution de celle-ci jusqu'au niveau AA; au-dessus, le raisonnement seul nous guide, mais l'aspect ne pouvait pas différer beaucoup de celui que présente notre dessin (fig. 14).

Coupe transversale. — Sur la fig. 14, où l'on voit une portion de la coupe longitudinale restaurée, nous avons aussi

---

1. Dans un fronton, — le plus rapproché de l'abside à gauche, — nous avons dit (p. 39) que le lit supérieur portait encore des traces de mortier. C'est là, suivant nous, un remplissage fait postérieurement, à l'époque où cette moitié de l'église fut restaurée tant bien que mal.

indiqué une coupe transversale du bas-côté de droite. La coupe longitudinale nous donne la disposition du mur de la nef placé au-dessus des deux séries superposées de colonnes, et par suite la hauteur totale, qui est de 12 mètres sous l'entrait. L'ouverture de la fenêtre supérieure, d'une part, celle de l'arc qui est au-dessous, de l'autre, déterminent rigoureusement le point d'aboutissement du comble rampant, en B. La demi-ferme venait donc se sceller dans le pilier derrière la colonne ou demi-colonne du premier étage, qu'elle étayait en même temps. Dans les murs latéraux, nous pourrons supposer à chaque travée une fenêtre placée à mi-hauteur du mur, et de façon à ce qu'elle ne dépasse pas l'arcade correspondante de la nef.

A l'entrée de l'abside, une double colonnade formait, comme nous l'avons dit, trois baies. Ces baies étaient fermées en haut par des arcs. Celui du milieu a été retrouvé, pour ainsi dire, entier. Les deux autres s'imposent, car des plates-bandes seraient d'un effet disgracieux et d'une solidité contestable.

Les trois arcs — nous devons le croire — étaient doubles en épaisseur, puisque les colonnes qui les portent sont doubles. On pourrait vouloir ici un arrangement analogue à celui des murs de la nef; mais c'est ici matériellement impossible, car un second étage de colonnes viendrait se buter contre le grand arc de l'abside qui les couperait obliquement, ce qui est absurde et inconstructible. — Les arcs étaient donc doubles en épaisseur, ce qui devait être un peu lourd d'aspect, mais contribuer fortement à consolider le grand arc, d'une ouverture un peu audacieuse (9m,20). Rien n'empêche de supposer que cette double colonnade surmontée d'arcades ait été construite après coup, dans le but d'étayer le grand arc qui aurait fléchi. Les contreforts établis derrière l'abside dans un but de confortation évident pourraient donner quelque vraisemblance à cette hypothèse.

Dans l'abside même ont été trouvées quatre colonnes avec chapiteaux ioniques et bases[1]. Nous sommes disposé à croire,

---

1. Ces quatre colonnes, qui gisaient sur le sol, sont distinctes de celles du ciborium, encore en place.

sans rien affirmer à ce sujet, qu'elles figuraient à titre décoratif contre le mur rond ; elles l'auraient divisé ainsi en cinq travées, dont les deux extrêmes étaient occupées par les portes et celles du centre par le trône épiscopal.

L'abside était couverte par un cul-de-four maçonné en moellons très légers et spongieux, comme nous l'avons dit. Aucune trace d'incendie n'y a été constatée, ce qui suffirait, au besoin, à prouver l'existence de la voûte.

Au contraire, dans la nef et les bas-côtés, des charbons ont été retrouvés en grand nombre, tant dans la partie antérieure que dans le reste. La basilique a donc été brûlée deux fois, et toujours elle a été couverte en bois.

Pour ce qui est du mur de façade de l'église, les trois portes nous sont connues avec leur hauteur exacte. Au-dessus, nous le savons, régnait une plate-bande clavée (à une hauteur de 4^m,60). Enfin, dans l'axe des bas-côtés, s'élevait une chaîne en pierres de taille qui vraisemblablement montait jusqu'en haut.

Les dosserets encore en place, à l'intérieur sur les piliers, nous font pressentir une disposition analogue à celle de la nef. Mais il faut remarquer que ces dosserets étaient au nombre de deux par pilier, et ces piliers d'une largeur double par rapport aux colonnes : il est donc certain que les demi-colonnes placées dessus étaient également doubles. Leurs chapiteaux et leurs dosserets devaient atteindre la hauteur de ceux de la série supérieure des colonnes de la nef (9 mètres). Au-dessus, le mur de façade était sans doute percé de fenêtres semblables à celles qui, placées au même niveau, éclairaient latéralement la nef. Entre ces fenêtres supérieures et les portes, il faut de toute nécessité trois autres fenêtres, car on ne saurait admettre un mur plein et nu. Pour ces fenêtres, la largeur maxima qu'on puisse supposer est celle des portes ; mais elles ont pu et dû probablement être plus petites que les baies de ces portes, quoique plus larges encore que les fenêtres supérieures.

Dans les bas-côtés, nous sommes amené à admettre des fenêtres semblables à celles des façades latérales ; la présence de la chaîne dans l'axe nous force à croire qu'elles étaient au nombre de deux par chaque bas-côté.

Nous ne nous dissimulons pas que, dans les observations précédentes, il y a une grande part donnée à l'hypothèse ; il ne pouvait en être autrement et nous n'avons prétendu qu'indiquer les solutions les plus vraisemblables.

Connaissant de l'église primitive tout ce que l'on peut en connaître, il est moins intéressant de savoir ce qu'il restait de celle-ci lors de la dernière et misérable restauration qu'elle a subie.

Cependant voici ce que l'état même des débris nous a appris à ce sujet :

La partie antérieure jusqu'aux piliers centraux, était entièrement détruite. La façade principale subsistait en partie à l'état de mur isolé. Sans se donner la peine de déblayer complètement l'espace intermédiaire, les nouveaux constructeurs se bornèrent à restaurer la partie postérieure. Pour ce faire, ils employèrent les matériaux de la partie antérieure gauche, sans toucher à celle de droite. Dans la partie conservée, il semble que les frontons, les colonnettes et les demi-colonnes étaient encore en place ; mais la partie au-dessus ne devait plus exister. Ne possédant plus des poutres assez fortes pour franchir une portée de plus de 9 mètres, les architectes la divisèrent en trois par des piliers placés en avant de chaque travée[1]. Ils élevèrent des murs pour séparer la nef réservée au culte des bas-côtés, qui commencèrent à servir de *campo santo*, destination qu'ils paraissent avoir gardée à l'époque arabe. La sacristie de droite, transformée en chapelle, fut pourvue d'une absidiole, et les murs furent réparés tant bien que mal à l'aide des débris de la partie écroulée.

A reconstituer ce dernier effort d'une civilisation agonisante, on éprouve malgré soi une certaine tristesse. Certes la construc-

---

1. Le même remaniement a été constaté dans deux églises de Tipasa : Gsell, *Recherches*, p. 66, et *Mélanges de Rome*, XIV, p. 363.

tion de l'église primitive accuse une évidente décadence. L'art du tailleur de pierre, celui du sculpteur de figures sont déjà tombés bien bas; si l'on compare l'appareil à celui du temple, les dosserets aux stèles païennes, on constate une énorme infériorité entre ces deux époques que séparent deux siècles au plus. Mais, d'autre part, une conception originale et hardie, une ornementation exubérante, pleine de motifs nouveaux et intéressants, font pardonner bien des défaillances. Cet art, quoique déchu, semble encore avoir de l'avenir devant lui. Viennent des temps meilleurs, une tradition, un enseignement artistique s'établiront, et un art nouveau naîtra, plus jeune et plus vivace que l'art romain, depuis longtemps immobile dans des traditions presque mécaniques. Par malheur, ces temps ne sont pas venus. L'Afrique, qui ne possédait ni le degré de culture romaine de la Gaule, ni la même sève ethnologique, a eu à subir plus d'invasions que cette dernière et de plus effroyables calamités. Pour réduire la foncière barbarie du fonds autochtone, il eût fallu des siècles de paix; l'Afrique eut, au contraire, un état de guerre permanent du ive au viie siècle; l'invasion arabe acheva cette œuvre de lente destruction. L'art proto-roman d'Afrique n'a donc pas pu se développer. Malgré tout, les germes déposés dans cette terre n'ont pas entièrement péri. Dans l'art rudimentaire des Kabyles d'aujourd'hui, on retrouve avec évidence les motifs chers aux décorateurs du ve siècle. Le répertoire de ces derniers ne s'est pas enrichi, loin de là; mais la tradition n'en est que plus visible, car ils se sont tenus aux motifs essentiels. Les maisons kabyles cubiques et blanchies à la chaux, couvertes en tuiles rouges disposées sur un toit à deux pentes, avec leurs fenêtres carrées et leurs portes en plein cintre, sont l'exacte reproduction des maisons rurales de l'époque romaine. De même, les carrés, les rosaces, les croix, les treillis qui ornent les bois sculptés sont les mêmes que l'on retrouve dans tous les monuments de l'époque chrétienne.

VII

STÈLES TROUVÉES DANS LA BASILIQUE

Nous avons vu que, dans la construction de notre basilique, un grand nombre de matériaux de démolition ont été employés. Sur quelques-uns se lisent des inscriptions païennes, que nous avons déjà publiées ailleurs[1]. L'une d'elles est votive : on y lit les mots **ARAM VOTO**[2].

Nous avons trouvé aussi un certain nombre de stèles, dont nous donnerons ici un catalogue sommaire : les principales sont reproduites fig. 15.

1. Personnage entre deux colonnes, en demi-bosse. Il tient de la main gauche une torche, de la main droite un objet rectangulaire strié qui paraît un morceau de galette. Au-dessus de la tête, recouverte d'un capuchon ou d'un voile, on voit l'amorce d'une coquille qui forme une sorte d'auréole, mais n'a cependant aucun sens symbolique : en effet, l'ensemble du monument a la prétention de représenter une niche, où le personnage est placé comme le serait une statue; il était donc naturel que, pour figurer le cul-de-four, on ait reproduit la coquille qui en faisait la décoration habituelle. Le buste de ce personnage (sans doute une femme) est revêtu d'une tunique collante à manches courtes; une ceinture à deux tours retient un volant à petits plis, qui fait sans doute partie du vêtement précédent. Le style est lourd, mais l'exécution est bonne. Fig. 15, n° 1.

2. Personnage en demi-bosse; les bras ne paraissent rien tenir. Ceinture à deux tours, grand volant ouvert au milieu. Même style que le n° précédent, mais bien plus inhabile. Fig. 15, n° 2.

3. Personnage en toge, tenant de la main gauche un objet cylindrique à bout renflé (manquent la tête, les pieds, la main droite).

4. Personnage en toge, tenant de la main droite un objet rond, peut-être une patère, de la main gauche un autre objet fruste (manquent la tête et les pieds).

5. Femme de face, la tête voilée; le bras droit retient le manteau (toute la partie de droite manque).

1. *Bulletin du Comité*, 1894, p. 270, n. 1 ; p. 305, n. 2, p. 306, n°s 4 et 5. L'une d'elles est reproduite sur notre fig. 10 à gauche.
2. *Ibid.*, p. 306, n° 4.

6. Femme de face, dans un cadre en plein cintre. Robe et manteau. Les deux bras sont élevés ; la main gauche, qui subsiste seule, tient un couteau courbe qui paraît être ici un instrument de sacrifice, plutôt qu'une faucille. L'attitude et la silhouette sont élégantes, mais le faire est très médiocre. L'artiste avait peut-être sous les yeux un bon modèle, mais il n'a pas su le rendre. Même figure, n° 6. Cette stèle et les suivantes ne sont presque pas en bas-relief ; à peine le corps et le cadre ressortent-ils de quelques millimètres sur le fond. D'ailleurs, aucun modelé : les traits du visage et les plis des draperies sont indiqués par des sillons creusés dans la pierre ; mais personnage et fond présentent deux surfaces également planes, sauf que les bords du premier sont un peu arrondis.

7. Personnage dans un cadre cintré, légèrement surbaissé, orné d'une moulure (doucine) et surmonté d'un fronton sans base qui contient un croissant déprimé accosté de deux quadrupèdes. Sur la tête de celui de droite, on distingue des cornes : c'est donc sans doute un taureau ; l'autre pourrait être un bélier. Le personnage tient dans sa main gauche un disque, peut-être une patère, dans sa main droite un instrument à deux branches qui a pu servir au sacrifice (conf. *Bulletin du Comité*, 1889, p. 243). Même fig., n° 7.

8. Femme tenant de ses deux mains élevées deux instruments semblables à deux dents. Même fig., n° 8.

9. Haut d'une stèle. Fronton triangulaire contenant un croissant ; au-dessous, dans un cintre, la tête voilée d'une femme : elle tenait deux couteaux. Même fig., n° 9.

10. Moitié supérieure d'une stèle. Fronton en triangle, sans cadre, contenant un croissant déprimé, entouré de trois fleurs ou rosaces. Le personnage tient de ses deux mains élevées des instruments analogues à ceux des n°s 7 et 8, mais à quatre dents, ressemblant exactement à nos fourchettes. Même fig., n° 10.

11. Partie centrale d'une stèle. Personnage drapé. Même fig., n° 11.

12-14. Fragments de stèles à personnages.

15. Tête imberbe, provenant d'une stèle, à fort relief.

Comme on le voit, les stèles trouvées dans la basilique sont toutes plus ou moins incomplètes ; certaines paraissent avoir été brisées à dessein. Sauf le n° 15, recueilli dans la partie antérieure de l'église, tous ces fragments ont été trouvés aux environs du mur circulaire de l'abside. Ce mur étant en moellons, rien n'est plus naturel que de supposer qu'ils ont été employés à sa construction. Leur forme aplatie, avec deux faces plates, se prêtait parfaitement à ce rôle et leur épaisseur était bien celle qu'avaient en moyenne les assises du mur ; ajoutons que plusieurs d'entre eux portent des traces encore adhérentes de mortier. On peut

admettre aussi que ces stèles se trouvaient à peu de distance de
là, car des maçons ne seraient pas allés chercher bien loin des
moellons si médiocres et, l'eussent-ils fait, ils ne les auraient
probablement pas rassemblés en un même point de la construction, mais les y auraient répartis un peu partout au hasard des
besoins.

On sait que, fréquemment, des stèles, qui, d'après les sujets
et les symboles qu'elles offrent, paraissent votives, ont été employées à un usage funéraire[1]. Mais tel ne semble pas avoir été
ici le cas, car nous nous trouvons à l'intérieur de l'enceinte de
la ville romaine. Nous supposerons donc avec vraisemblance
qu'elles figuraient comme ex-voto dans quelque sanctuaire, qui
existait à l'emplacement ou près de l'emplacement où fut plus
tard édifié le chevet de la basilique. Ce qui confirme cette hypothèse, c'est la découverte, faite plusieurs mois après nos fouilles
(en février 1896), d'une conduite d'eau antique établie à une
quinzaine de mètres du chevet de la basilique. Le radier et le
plafond de cette conduite, dont une partie seulement a été mise
au jour, sont constitués par des stèles analogues à celles qui
viennent d'être décrites[2]. C'étaient là des matériaux que l'on
avait trouvés sur place.

Il est bien difficile d'assigner à nos stèles une date précise :
nous serions porté, d'après leur « style », à les attribuer au
IIIe siècle environ de notre ère, mais ce n'est là qu'une impres-
sion, qui peut être trompeuse. De ce même sanctuaire pourrait
provenir l'inscription trouvée dans le mur sud de notre église,
sur laquelle on lit les mots **ARAM VOTO**[3].

Est-il téméraire de se demander quelle était la divinité que
nous croyons avoir été adorée en ce lieu? D'après certains détails
de nos stèles, en particulier les couteaux recourbés et le tau-

1. Voir, par exemple, Berger, *Comptes rendus de l'Académie des inscriptions*,
1890, p. 36-37 ; La Blanchère, *Musée d'Oran*, p. 54 et pl. I, fig. 1 ; Graillot
et Gsell, *Mélanges de Rome*, XIII (1893), p. 496, 504, n° 3, et pl. VI, fig. 1.

2. Sur les stèles employées dans cette conduite d'eau, voir plus loin,
Troisième partie, chapitre III.

3. Voir plus haut, p. 84, n. 2.

Fig. 15.

reau[1], on est amené à les rapprocher de celles, si nombreuses en Afrique, qui ont été dédiées à Saturne, c'est-à-dire à Baal-Hammon latinisé. Ajoutons que nous avons trouvé à Tigzirt même une inscription mentionnant un temple du *Deus Invictus Frugifer*[2], qui n'est autre que Saturne[3]. Si l'on admet ces déductions, on sera donc porté à croire que la basilique-cathédrale de Rusuccuru a été élevée, vers le milieu du ve siècle, sur l'emplacement même d'un sanctuaire de Saturne[4].

VIII

LE BAPTISTÈRE

A gauche de la basilique, se trouvent les restes du baptistère, que nous avons aussi indiqués sur notre plan. Il offre, comme on le voit, la forme d'une croix à branches arrondies[5]. Nous citerons un autre baptistère de l'époque chrétienne primitive, qui présente aussi une disposition cruciale : il se trouve en Lycie[6].

1. Conf. Toutain, *Mélanges de Rome*, XII (1892), p. 98.
2. *Bulletin du Comité*, 1895, p. 279, n. 5 ; *Comptes rendus de l'Académie des inscriptions*, 1894, p. 264.
3. Toutain, *De Saturni dei in Africa romana cultu*, p. 30.
4. Parmi les menues poteries, généralement en éclats, trouvées sur le sol de notre église, il n'y a guère lieu d'en mentionner d'autres que les lampes. Elles ont été recueillies presque toutes (fragments pouvant se rapporter à dix pièces environ) dans ou autour de l'abside. Toutes sont en terre rouge et de même style. La bordure se compose d'une série de petits fleurons, d'S ou de cœurs. Le centre est occupé par une croix monogrammatique ou une croix latine pattée, dont l'intérieur est orné de grènetis, de petites rosaces, de losanges.
5. La forme de notre baptistère, avec ses absides symétriques, est apparentée à celle des chapelles en forme de trèfle que l'on rencontre dans la campagne romaine et en Afrique (chapelles de Saint-Sixte, de Sainte-Soteris, de Sainte-Symphorosa, près de Rome ; de Damous el-Karita à Carthage, de Tébessa, etc.). Elle est tout à fait semblable à celle de certains édifices de l'époque romane : voir, par exemple, *Bull. du Comité*, 1893, p. 8.
6. Schultze, *Archæologie der altchristlichen Kunst*, p. 77 (d'après Petersen et von Luschan, *Reisen in Lycien*, ouvrage que nous n'avons pas pu consulter).

D'autre part, un texte de saint Grégoire de Tours[1] et des découvertes archéologiques[2] nous ont fait connaître des fonts baptismaux de forme analogue.

Les murs de notre baptistère sont construits de la même manière que ceux de la basilique, dont cette annexe est sans doute contemporaine; leur épaisseur, ainsi que la configuration de la salle, prouvent que les parties supérieures étaient voûtées. Une porte établit une communication avec la sacristie de gauche. Une autre, large de 1^m,25, donnait sur une salle située à l'ouest et dont nous parlerons tout à l'heure.

Les fonts, de forme ronde et d'une hauteur extérieure d'au moins 0^m,45, mesurent 1^m,80 de diamètre et présentent trois degrés. Tout l'intérieur est cimenté. Il n'y a pas de trace de conduite pour amener l'eau, qui devait venir du plafond. A l'est, une conduite servait à vider le bassin. Toutes ces dispositions correspondent exactement à celles des fonts baptismaux de Tipasa[3]. Dans la partie est, une sorte d'estrade en béton, fort ruinée, arrivait presque au niveau du rebord des fonts, dont elle devait faciliter l'accès. Le bassin était flanqué de quatre colonnes : le bas de deux d'entre elles, en partie encastrées dans la maçonnerie, est encore en place à l'ouest (diamètre 0^m,33), et quelques débris des autres ont été retrouvés. Ces colonnes devaient supporter une architrave, à laquelle étaient accrochés sans doute des rideaux qui cachaient les néophytes aux regards indiscrets.

La salle voisine à l'ouest mesure 10 mètres de long sur 6^m,40 de large. La porte était à l'ouest ; on la fermait à l'aide d'une barre fixée dans un trou à droite et qui pouvait manœuvrer dans une rainure demi-circulaire à gauche. A une date plus récente, cette porte fut rétrécie d'un tiers. La salle en question ne paraît pas

---

1. *De gloria martyrum*, I, 24.

2. Fonts baptismaux de l'église de Castiglione, entre Alger et Tipasa (Grandidier, dans le *Bulletin de la Société d'archéologie du diocèse d'Alger*, p. 112); fonts d'El-Kantara, dans l'île de Djerba (La Blanchère, dans les *Collections du Musée Alaoui*, p. 52); fonts de la basilique de Tébessa.

3. Gsell, *Mélanges de l'École de Rome*, XIV, p. 366.

contemporaine du baptistère, contre les murs duquel ses propres murs sont simplement appliqués à l'est, sans aucune pénétration. Le mode de construction est cependant le même. Une sorte de portique intérieur, disposé sur le côté gauche, et formé d'une demi-colonne prise ailleurs et de deux piliers, a dû être fait à une époque plus basse, pour diminuer la portée de la charpente de toit. Peut-être un autre portique parallèle a-t-il été établi à droite, mais il n'en reste aucune trace.

SECONDE PARTIE

OBSERVATIONS SUR LES RUINES DE RUSUCCURU

Dans son travail sur les ruines romaines de la Kabylie du Djurjura, Vigneral a donné une description des ruines de Tigzirt[1], qui a besoin d'être complétée et rectifiée sur plus d'un point. C'est ce que nous essaierons de faire dans les pages qui suivent. Nous nous aiderons à plusieurs reprises de notes manuscrites, écrites en 1888 par M. Pallu de Lessert et que ce savant a bien voulu nous communiquer. Nous ne parlerons pas du temple, élevé sous Septime Sévère au Génie du municipe de Rusuccuru, par un des premiers citoyens de la ville, C. Julius Felix, sur l'emplacement de sa propre maison. MM. Bourlier, Pallu de Lessert et nous-même l'avons fait déblayer en 1886-1888 ; et cet édifice a été, de notre part, l'objet d'une étude spéciale[2]. Sur le plan de Tigzirt publié ici (fig. 16), il porte le n° P.

On voudra bien suivre sur ce même plan la description que nous allons donner.

Édifice A. — M. Pallu de Lessert suppose que le forum pouvait être situé devant le temple du Génie, à la rencontre des deux rues encore visibles qui aboutissent aux portes ouest et sud du rempart byzantin. Voici ce qu'il dit à ce sujet :

« Dans un grand quadrilatère de 31^m,80 sur chaque face,

---

1. P. 20-26.

2. *Revue africaine*, XXXV, p. 5-19 (texte et planches). En 1892, nous avons fait paraître, dans une revue de vulgarisation, un court résumé de cette étude, accompagné d'une vue en photogravure (*L'Algérie illustrée*, Leroux, éditeur, Alger).

placé à côté du temple, nous avions vu des colonnes dont l'ex-

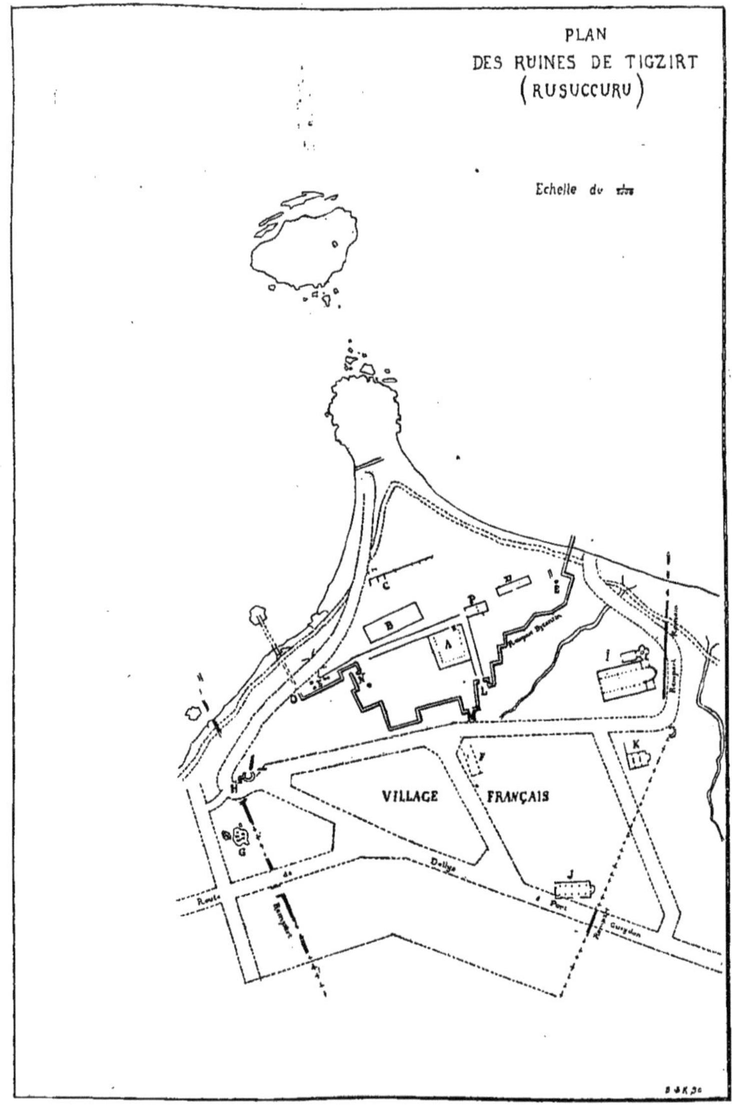

Fig. 16.

trémité dépassait le sol de quelques décimètres. Nous les avons fait dégager : deux d'entre elles étaient encore en place ; nous avons trouvé leur base à 2^m,50 de profondeur. L'une de ces colonnes a en tout 2^m,35 ; elle a à sa base 1^m,10 de circonférence (0^m,35 de diamètre environ). Les deux colonnes sont espacées de 1^m,10. — Pour y arriver, nous avons dû traverser des travaux plus récents et notamment un petit aqueduc établi seulement à 1^m,50 de profondeur, c'est-à-dire à un mètre au-dessus du sol romain primitif. Cet aqueduc se dirige du sud-ouest au nord-est ; sa largeur intérieure est de 0^m,22 ; il est couvert de pierres plates de 0^m,60 sur 0^m,20 cimentées avec du mortier qui paraît contenir de la pouzzolane.

« En pratiquant un autre sondage en arrière du précédent, nous avons rencontré tout un système de murs d'une bonne époque se coupant en sens divers.

« Les outils, les hommes, les fonds nous manquaient pour pousser plus loin le déblaiement ; mais nous avons pu nous convaincre qu'il y avait là un monument important entouré d'un portique, — peut-être des thermes, peut-être un forum avec un temple au fond comme à Lambèse, — que les Byzantins remblayèrent en partie pour lui donner une destination qu'il est encore impossible de déterminer exactement. Cependant nous pouvons juger, d'après le bon état des substructions, qu'il sera facile un jour de se rendre compte et de la destination primitive des lieux, et de leurs transformations. »

C'est dans ce quadrilatère qu'a été trouvée une inscription donnant les noms des villes de Rusuccuru et d'Iomnium[1].

Il est assurément tentant d'y voir le forum de Rusuccuru ; cependant, si l'on jette un coup d'œil sur le plan général, on verra que l'édifice en question serait très bien placé pour être le forum de la ville byzantine, mais beaucoup moins bien pour être celui de la ville romaine. Ce dernier serait mieux situé aux environs de l'édifice F, qui est vraiment au centre de la cité primitive, et en face de la porte que nous avons cru reconnaître en H.

1. *Bull. des Antiquaires de France*, 1889, p. 178, n° 6.

Quoi qu'il en soit, l'état actuel des lieux ne permet de rien affirmer.

Édifice B. — C'est un grand rectangle qui paraît avoir eu 45 mètres de longueur ; il est disposé parallèlement à la rue qui conduit au temple, et avait peut-être même une façade sur cette rue. Aucune fouille n'y a été tentée.

Édifice C. — M. Pallu de Lessert dit dans ses notes :

« Je signalerai encore vers l'extrémité du cap un grand monument qui paraît avoir eu 35 mètres de façade... Enfin, dans le flanc du cap, à l'ouest, nous avons commencé le déblaiement d'une autre construction très curieuse et qui paraît avoir consisté en terrasses s'étageant par gradins jusqu'au niveau de la ville. Des pans de mur considérables sont encore debout, des pilastres sont restés en place ; une restitution partielle serait des plus faciles avec un peu d'argent et quelques ouvriers adroits... La fouille en cet endroit a été conduite par M. H. Bouché qui passait l'été dans sa propriété située entre Dellys et Tigzirt. »

Les deux groupes ainsi décrits nous paraissent n'en former qu'un seul (C du plan), se composant actuellement : 1° D'un mur percé d'une porte large de 1^m,35, et qui se prolonge vers l'est sur une longueur d'au moins 30 mètres : il est composé, dans la partie explorée, de beaux blocs rectangulaires à bossages (chacun d'eux étant percé d'un trou carré sur sa face) ; les assises ont de 0^m,30 à 0^m,65 de hauteur. — 2° D'une rangée de piliers énormes, de 3^m,10 de hauteur, formant une sorte de portique en avant du mur. En avant de l'un d'eux, presque en face de la porte mentionnée, est un petit caveau carré de 1^m,10 de large, en pierres de taille, ouvert du côté du nord[1].

L'aspect des assises à bossages, la grandeur des pierres em-

---

1. Cet édifice avait déjà été vu par Barbier, qui lui donne le n° V et l'intitule « citerne ou réservoir pour alimenter le grand port. » Vigneral a réfuté cette attribution insoutenable ; sur son plan, il donne au bâtiment la lettre G ; la description qu'il en fait (p. 24) montre bien que, pour lui, le grand mur et les chambres ne forment qu'un seul ensemble. Les « beaux soubassements en place » sont sans doute les pilastres du mur ; mais nous n'avons pas retrouvé ses « colonnes de 0^m,50 (?) de diamètre ».

ployées, la rudesse de l'appareil, la bizarrerie des dispositions, tout nous porte à voir dans cet édifice un souvenir d'une civilisation antérieure à l'époque romaine. Nous estimons en conséquence qu'il serait très intéressant de pousser plus loin la fouille et de déblayer en entier ce singulier monument.

Édifice D. — « Vers l'est, dit M. Pallu de Lessert, dans l'axe du temple, une autre masse de ruines a également attiré notre attention. Je l'ai dégagée de mon mieux. C'est une construction ou plutôt un ensemble de constructions affectant la forme d'un carré long de 17 mètres environ. Il est d'autant plus difficile d'en déterminer la nature, qu'elles ont été remaniées à l'époque berbère et changées alors d'affectation. Je crois cependant que le travail des Byzantins y a été plus considérable qu'ailleurs. Plusieurs blocs, dans des pans de mur encore en place, portent une marque d'appareillage que j'ai retrouvée ailleurs dans le mur d'enceinte, et qui affecte à peu près la forme suivante :

AY

« L'extrémité est de cette construction est la mieux conservée. Mais les blocs tombés sont de telles dimensions qu'il était impossible d'essayer un déblaiement. Sur l'un d'eux, d'une longueur de $2^m,15$, est sculpté en relief un monogramme d'une bonne exécution.

« Peut-être sommes-nous en présence d'une église. On remarquera en effet que les trois basiliques signalées jusqu'à ce jour sont en dehors de l'enceinte byzantine. »

Depuis lors nous n'avons rien remarqué en cet endroit qui confirme l'opinion de notre savant collaborateur. On n'a relevé ici aucune trace d'une abside et, quant aux sigles chrétiennes, nous savons que les Byzantins les gravaient sur toute sorte de monuments. La destination de cet édifice reste donc douteuse. — Un assez grand nombre de pierres, employées dans cette construction, ou gisant tout alentour, sont à bossages *rudentés*, c'est-à-dire que la partie centrale de la pierre est laissée brute, tandis que le tour seul est ciselé. Ce genre de taille ne paraît pas romain, et il est possible que les matériaux en question aient appartenu à un édifice d'époque antérieure.

Édifice E. — Situé à l'angle est du rempart byzantin, sur le bord de la falaise, cet édifice a depuis longtemps attiré l'attention. Barbier, qui voit partout des châteaux d'eau et des citernes, en fait un réservoir destiné à alimenter le « petit port », c'est-à-dire la plage orientale[1]. Vigneral en fait une description confuse[2]. A vrai dire, on ne voit du monument que la façade sud, qui coïncide avec le rempart lui-même. Perpendiculairement à cette face, sont deux énormes colonnes, dont une est tombée ; dégagées par une fouille dont nous ignorons la date, elles mesurent 3^m,35 de hauteur et reposent sur des bases sans aucune moulure, simples pierres grossièrement équarries. Leurs fûts, sans listel ni gorgerin, sont taillés, non point en ciseau, mais à la masse et par éclats, comme les silex de l'âge de la pierre brute ; en outre, ces fûts sont cylindriques, au lieu d'être tronconiques comme tous les fûts gréco-romains. Les colonnes dont il s'agit ne peuvent appartenir qu'à une époque très basse ou très reculée. Quant à nous, jusqu'à preuve du contraire, nous pensons que nous sommes ici en présence d'un monument fort ancien, utilisé à l'époque romaine, et englobé par les Byzantins dans leur rempart.

Édifice E bis. — A l'autre extrémité du rempart byzantin, à l'ouest, on rencontre deux colonnes semblables, encore debout, entourées de grosses pierres de taille. Là aussi, il y avait sans doute quelque monument important.

Édifice F. — En déblayant son terrain, M. Lécole, propriétaire, a mis à découvert deux rangées de piliers parallèles, accusant une grande salle de forme basilicale, de 25 mètres de longueur environ. La distance dans œuvre entre les deux rangées est de 6^m,35. Dans l'une des travées est un beau puits carré, de 0^m,70 sur 0^m,85, muni d'un seuil avec battue, ce qui montre qu'il avait une margelle assez forte. On croit avoir retrouvé l'entrée de la

1. N° IV de son plan.
2. Point C, pl. V et p. 22.

salle, dans l'axe, au sud : un seuil de 1^m,70 sur 0^m,60 était là en place, disposé entre deux colonnes à base attique et chapiteau ionique.

Il faut sans doute rattacher à cet ensemble une colonne du même type que celles des édifices E et E *bis*, mais encore plus grande, debout, à quelques mètres au sud, tout près de la rue. Ce beau monolithe a au moins 4 mètres de hauteur (nous n'avons pu le fouiller jusqu'à la base); sa circonférence est 1^m,80 et par suite son diamètre de 0^m,59. Il est cylindrique, sans diminution vers le haut, et grossièrement taillé à coups de masse.

Vigneral décrit ainsi ces ruines : « Masse très considérable d'énormes blocs rectangulaires, ayant au centre une forte colonne... L'enceinte dessine encore quelques alignements bien nets[1]. »

Avant de décrire les édifices chrétiens autres que la grande basilique étudiée dans la première partie de ce mémoire, nous ferons remarquer qu'on ne trouve parmi les ruines de Rusuccuru ni cirque, ni théâtre. Quant aux thermes publics, ils étaient peut-être situés auprès de la grande basilique au sud (voir à ce sujet la description de la basilique à crypte K).

La basilique disparue (lettre J du plan). — Les travaux d'établissement du village ont fait disparaître totalement une église importante, qui se trouvait dans la partie sud de la ville, contre le rempart romain, et orientée comme les précédentes. Les fondations existent, actuellement invisibles, sous la route et les lots 30, 31 et 32. Nous avons pu heureusement en lever un rapide croquis au moment où les tailleurs de pierres en prenaient possession. C'était un rectangle de 25 mètres sur 13, — la longueur étant à peu près double de la largeur, — divisé en trois nefs par deux rangées de piliers carrés, au nombre de sept ou huit sur chaque file. A l'extrémité, une abside profonde de 4^m,50, large de 7 mètres. Les trois nefs avaient, entre piliers, les largeurs suivantes : celle de gauche, 2^m,50; celle du centre, 5 mètres; celle de

1. P. 25, point L et planche V.

droite, 3 mètres; on voit que la nef des hommes était plus large que celle des femmes. L'arc de tête était décoré de deux grosses colonnes, dont nous avons vu l'une entière, avec sa base et son chapiteau. La hauteur du fût était de 3ᵐ,20; celle de la base 0ᵐ,35; celle du chapiteau 0ᵐ,48, soit en tout environ 4 mètres de hauteur. Le chapiteau, d'un corinthien abâtardi, est curieux dans sa lourdeur barbare. Son abaque aplatie, ses larges feuilles, ses caulicoles retournées, rappellent les plus anciennes productions de l'école romane. Ce chapiteau nous paraît dater le monument auquel il appartient de la première moitié du vᵉ siècle. En effet, il est plus ancien que les sculptures de la grande basilique; on y sent une moins grande liberté, plus d'attachement aux formes classiques. D'autre part, il a certainement été sculpté pour son église; il n'est pas remployé. Or cette basilique, vu sa position excentrique, ne peut guère être postérieure à la domination vandale. Les remparts ayant été démolis sous Genséric, et le pays ravagé à plusieurs reprises, la population a dû diminuer dans de fortes proportions et se resserrer dans la partie nord de la cité[1].

La basilique à crypte (lettre de K du plan de la ville). — A cinquante mètres au sud de la grande basilique et parallèlement à celle-ci, s'élevait un autre sanctuaire, de dimensions beaucoup plus restreintes, et qui offrait cette particularité remarquable de posséder deux étages, dont un sous-sol.

L'étage inférieur, bien qu'en assez mauvais état, pouvait encore être exploré, il y a cinq ans. C'est à cette époque que nous en avions relevé le plan exactement. On y accédait alors par deux ouvertures situées au nord et formées par l'écroulement d'un

---

1. Cette ruine avait été observée avant nous par Vigneral (p. 25, lettre M du plan). Il lui attribue « deux pavillons en saillie aux angles de la façade nord », qui sont reproduits sur son plan, et dont nous n'avons trouvé aucune trace. C'est à cet édifice qu'appartiendrait la pierre reproduite par lui (planche III, fig. 3; conf. p. 25), et qui n'est qu'un sommier de pilastre d'arcade. Les gens du pays nous ont dit, au contraire, que cette pierre, actuellement encastrée dans la façade du bâtiment de l'Administration, provenait de la basilique de la nécropole. Comme les deux basiliques ont l'une et l'autre des piliers, il est assez difficile de décider.

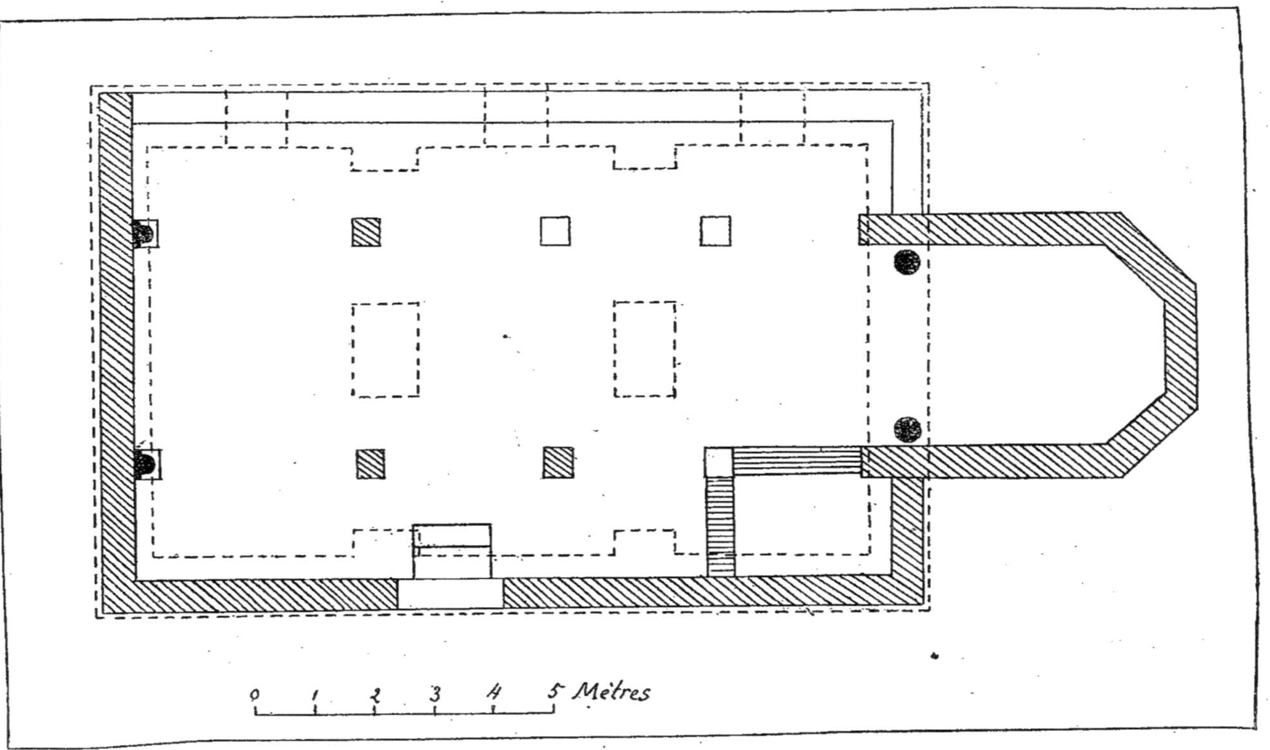

0 1 2 3 4 5 Mètres
Fig. 17.

angle de la voûte. En revanche l'étage supérieur, remblayé d'un mètre environ, n'offrait aucun plan visible ; toutefois la forme basilicale se laissait distinguer. Depuis, le sous-sol s'était transformé en fondrière; les eaux l'avaient envahi, et peu de temps avant notre arrivée cet état de choses avait causé un accident. Aussi, désireux de reconnaître le plan du premier étage, n'avons-nous pas hésité à boucher en partie celui du dessous avec nos déblais.

Cette fouille rapide et facile n'a, il est vrai, donné ni objets intéressants, ni mosaïques, ni sculptures d'aucune sorte; mais elle a mis au jour le plan d'un petit édifice à peu près unique en son genre en Afrique. Voir le plan, fig. 17.

La crypte (indiquée en pointillé sur ce plan) se compose de trois voûtes en berceau un peu surbaissé, de $3^m,30$ sur $7^m,20$ de vide, communiquant entre elles par des arcs. Du côté du nord, trois portes ou soupiraux, dont on distingue les piédroits, semblent avoir donné accès dans les voûtes; mais ce côté de la construction est fort endommagé. N'ayant pas atteint le sol ancien de la crypte, nous ignorons sa hauteur exacte. Les murs, qui ont près d'un mètre d'épaisseur, sont construits en petit appareil très solide de la bonne époque. Les cadres des soupiraux et les arcs de communication sont en pierre de taille appareillée. Comme il ne semble pas y avoir d'ouverture dans le mur sud, nous pensons que la crypte était adossée en terre-plein de ce côté, tandis que, vers le nord, elle était moins enterrée, ce qui permettait d'y accéder[1]. Dans la voûte de l'est, nous avons

---

1. Cette crypte a toujours été prise pour une citerne par les personnes qui l'ont visitée : c'est sous ce nom que la désignent les gens du village. Barbier (plan, nº II) y voyait « un château d'eau, au-dessous duquel il y a sept citernes (*sic*). » Vigneral, observateur plus scrupuleux, désigne ainsi le bâtiment (p. 25, lettre O, imprimée par erreur S) : « Grosse masse de décombres, longs soubassements bien accusés en beaux blocs rectangulaires, quelques colonnes ». Ceci s'applique fort bien à l'étage du dessus, mais l'entrée du sous-sol lui a échappé. — Il est à peine utile de faire remarquer que cette crypte ne peut jamais avoir servi à l'usage de citerne, puisque : 1º ses murs ne sont pas enduits; 2º un de ses murs est percé de baies communiquant avec l'extérieur.

trouvé une base ou un chapiteau de pilier, d'une taille assez bonne, à moulures droites, provenant évidemment de l'étage supérieur.

Sur tout ou partie de ce solide soubassement, existait primitivement un étage, construit, comme les fondations, en petit appareil d'une excellente époque, et qui se reliait, selon toute apparence, au groupe de constructions orientées à angle droit avec celle-ci et visible encore entre les deux basiliques I et K. Peut-être, à en juger par des restes d'hypocaustes, étaient-ce les thermes de Rusuccuru. A cette construction primitive appartenaient la façade ouest, une partie de la façade sud, probablement aussi celle du nord, aujourd'hui disparue.

Beaucoup plus tard, la terrasse qui surmontait les voûtes fut convertie en une chapelle de quatre travées seulement, large intérieurement de 7^m,90, longue de 12^m,60, non compris l'abside qui tombe en dehors des trois voûtes.

Le mur ouest, qui est habituellement celui de l'entrée, n'est percé ici d'aucune porte; il est, nous l'avons dit, en moellons avec piliers de pierre de taille aux angles et tous les 2^m,20, le tout d'une construction irréprochable, conservé jusqu'à une hauteur moyenne de 0^m,65.

Le mur sud n'appartient à la même période que sur une longueur en retour de 4 mètres. Le reste de ce mur et tout le côté de l'abside sont d'une basse époque : murs en moellons irréguliers et chaînes de pierres de taille placées sans méthode, le tout lié par un mauvais mortier de terre. Cette façade avait une porte, — problablement la seule qui donnât accès dans l'édifice —, large de 1^m,90 et qui était à deux vantaux, comme le montre son seuil encore à peu près en place. Le seuil n'était pas, comme on pourrait le croire, à niveau avec le sol intérieur, mais plus élevé de 0^m,75 environ. En effet, il constituait la première d'une série de trois marches de 0^m,25 de hauteur moyenne, qu'il fallait descendre pour entrer dans l'église.

La nef centrale avait 3^m,50 de large, le bas-côté de droite 1^m,60. La division était formée de chaque côté par quatre travées disposées comme suit. La première reposait à l'ouest sur deux colonnes adossées au mur du petit côté opposé à l'abside. Puis venaient des piliers rectangulaires, de 0^m,45 de large sur 0^m,50 d'épaisseur. La première travée avait 3^m,60, la seconde 2^m,60, la troisième et la quatrième ensemble 4^m,80[1]. Elles allaient donc en diminuant de l'ouest à l'est. Les deux colonnes de la première travée ont 2^m,20 de hauteur et 0^m,40 de diamètre inférieur. Toutes deux posaient sur des bases attiques, de 0^m,30 à 0^m,34 de hauteur, et portaient des chapiteaux corinthiens du type africain usuel, un peu trapus avec des feuilles grasses alternées sans découpures[2].

Le sol de la partie antérieure était fait d'un bon pavage en béton de la première époque. Nous l'avons trouvé enduit d'une couche épaisse de gros morceaux de charbon, provenant de la combustion de la charpente. Dans la partie voisine de l'abside et dans l'abside même, le sol était enduit d'une forte couche de mortier hydraulique, sans doute contemporaine de la construction de la chapelle. Dans l'abside, cet enduit reposait sur un pavage en grandes dalles irrégulières.

Le fond du bas-côté droit est traversé par un mur qui est sûrement un remaniement, de même qu'un autre mur qui le sépare de la nef. L'abside, large de 3^m,40, profonde de 4 mètres, est cantonnée de deux colonnes cylindriques[3], de 0^m,40 de diamètre, solidement encastrés dans le sol (comme celles de l'autel de la grande basilique), et n'émergeant que de 1^m,90. Par une disposition très particulière, le mur de cette abside n'est pas circulaire, mais à pans coupés, c'est-à-dire qu'il se termine par un demi-octogone régulier dont les côtés ont intérieurement 1^m,40 de longueur. C'est la première fois, croyons-nous, que l'on constate cette forme en Afrique. En Europe, elle n'apparaît pas avant le ixe siècle. Dans les églises byzantines, le chevet est souvent polygonal à l'extérieur, mais toujours rond à l'intérieur. C'est seulement en Syrie que nous trouvons des exemples anciens d'absides à pans cou-

---

1. L'emplacement exact du troisième pilier n'est pas connu.
2. Conf., par exemple, *Mélanges de Rome*, XIV, p. 364, fig. 23 *bis*.
3. Celle de gauche est en deux morceaux très bien ajustés.

pés[1] : ils datent en général du vi[e] siècle. C'est peut-être à cette époque qu'il convient de rapporter la construction de notre chapelle.

L'abside n'était certainement pas flanquée de sacristies.

La basilique de la nécropole. — La nécropole de l'est s'étendait sur une colline en face de la grande basilique, au delà du petit ravin (Targa-Roumizga), qui servait de *vallum* au rempart oriental de Rusuccuru. Au centre de cette nécropole, où quelques cippes païens ont été recueillis, mais où les tombes chrétiennes devaient être bien plus nombreuses, s'élevait une basilique funéraire, que Barbier a prise pour un cirque[2] et Vigneral pour un temple[3] ; faute d'espace, nous n'avons pas pu l'indiquer sur notre plan. L'emplacement de cet édifice, l'analogie de sa situation avec celle d'autres églises africaines[4] nous avaient fait espérer qu'une fouille en cet endroit offrirait quelque intérêt. Notre attente a été quelque peu déçue. Il faut dire que les constructeurs du village avaient été autorisés à venir puiser des matériaux dans ses ruines : ce dont ils ne s'étaient pas fait faute. Nos sondages et déblais n'ont mis à jour aucune inscription ; ils ont eu seulement pour résultat de nous faire connaître le plan de l'édifice qui n'est pas tout à fait sans intérêt (voir fig. 18) et de nous fixer sur la destination funéraire que nous lui attribuions.

L'église, orientée à l'ouest, est un rectangle de 14^m,50 sur 11^m,50, à trois nefs, avec abside à l'est. Les murs sont d'une mauvaise construction en moellons avec chaînes de pierres de taille de distance en distance. Deux lignes de piliers, formant chacune cinq travées, séparaient les nefs. Sur ces piliers reposaient des tympans d'arcades, dont plusieurs, découverts antérieurement, sont encastrés dans la maison de l'Administration. L'un d'eux pré-

1. Conf. notamment l'église de Tourmanin : de Vogüé, *Syrie centrale*, pl. 130 ; Holtzinger, *Die altchristliche Architektur*, p. 77.
2. Plan, n° III.
3. P. 21 et point A de son plan.
4. La basilique de Sainte-Salsa et celle de l'évêque Alexandre, à Tipasa : voir Gsell, *Mélanges de Rome*, XIV, 1894, p. 386 et suiv.

sente une rosace à six feuilles. Sur un autre, on voit un cercle dans lequel est inscrite une étoile formée de deux carrés entrelacés [1] ; dans cette étoile elle-même est répété exactement le même

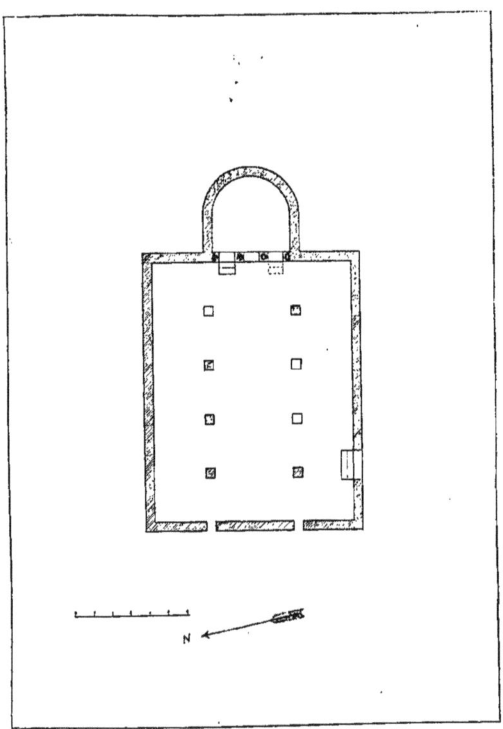

Fig. 18.

motif en plus petit ; enfin dans ce dernier est sculpté un chrisme formé simplement d'un trait vertical et d'un X (✳) [2].

1. Conf. cet ornement sur la mosaïque de la grande basilique (planches I et II).

2. Un troisième tympan décoré de sculptures, jadis publié par Vigneral et encastré aujourd'hui dans la maison de l'Administration, a peut-être été trouvé aussi dans cette église : voir plus haut, p. 98, n. 1. — Pour ces tympans ornés, nous avons constaté une disposition toute semblable dans l'église de l'acropole de Taksebt (voir *Revue africaine*, XXXVII, p. 130, fig. 10).

Il n'y avait pas de porte sur la façade ouest. C'était à gauche, ainsi que dans la chapelle à crypte, que se trouvait l'entrée, où l'on descendait également par trois marches. Cette porte avait 1ᵐ,40 de large.

La largeur de l'abside était de 4ᵐ,10, sa profondeur d'environ 5 mètres. Plus élevée que le reste de l'église, on y accédait par deux petits escaliers de trois marches. De même qu'à la grande église, trois arcs séparaient le chevet de la nef. Ils étaient portés par deux demi-colonnes (contre le mur) et deux colonnes, dont l'une, complète, mesure 2ᵐ,75. Sur les quatre bases, trois sont encore en place [1]. Nous avons retrouvé de plus une colonne entière et le chapiteau de la demi-colonne de droite, qui est d'ordre ionique et d'une époque antérieure à la construction de cette église [2].

Dans le bas-côté de gauche, on a reconnu la présence de trois sarcophages rangées le long de la paroi. Nul doute qu'une fouille complète n'en fît découvrir de nouveaux. En l'état actuel, on ne saurait dire si l'abside était flanquée de sacristies.

Le rempart romain. — Deux lignes de fortification, encore nettement visibles, ont défendu la presqu'île sur laquelle était bâtie la ville. A des époques successives, les nécessités de la défense ont amené les occupants à interrompre par un mur l'isthme qui rattache le promontoire à la terre ; mais, suivant les temps, l'espace retranché a varié d'étendue.

Ces deux enceintes ont, l'une et l'autre, échappé à l'attention de tous les explorateurs qui nous ont précédé. C'est ainsi que

---

1. Les deux bases du milieu sont attiques (hauteur 0ᵐ,26) et appartiennent sans doute à des édifices antérieurs, celle de la demi-colonne de gauche, faite exprès, consiste simplement en deux bandes superposées, surmontant une plinthe basse.

2. A ce sujet, Vigneral dit avoir vu « *quatre ou cinq* colonnes de 0ᵐ,40 de diamètre et des demi-colonnes renversées ». Il est possible que des colonnes aient été emportées depuis ; mais si leur nombre a dépassé quatre (y compris les demi-colonnes), nous ne voyons pas où elles pouvaient être placées, car l'édifice n'avait certainement pas d'étage supérieur. Jusqu'à preuve du contraire, nous admettrons donc une légère inexactitude de l'auteur en question : ce ne serait pas la première.

Vigneral affirme qu'il n'y a pas apparence d'enceinte, et que toutes les conditions topographiques accusent ici une ville ouverte[1]. MM. Bourlier et Pallu de Lessert, lorsqu'ils visitèrent Tigzirt en 1886, furent plus clairvoyants, et reconnurent le mur byzantin, dont ils levèrent un croquis. Enfin en 1888, nous déterminâmes le tracé de l'enceinte romaine, beaucoup moins apparente que la précédente.

Ce dernier mur est le plus long des deux ; il est extérieur et concentrique au mur byzantin, et englobe une superficie beaucoup plus considérable — 10 ou 12 hectares. Il semble avoir été ruiné systématiquement, et ne fait nulle part de fortes saillies au-dessus des terres, qui le recouvrent complètement dans certaines parties, notamment au sud.

Il se compose d'une muraille à deux parements, construite en petits moellons disposés par assises parallèles d'une exécution soignée, et réunis par ce mortier hydraulique à base de pouzzolane qui assure aux ouvrages romains de la bonne époque une si longue durée. L'épaisseur du mur est de $1^m,30$. En un mot les caractères de la construction sont les mêmes que l'on retrouve dans les fortifications africaines élevées sous la domination latine du 1er au IIIe siècle[2].

Le tracé consiste, comme d'habitude, en de grands fronts droits, reliant des tours rondes ou carrées, dont plusieurs sont encore distinctes. Il dessinait dans son ensemble une sorte d'arc dont les deux extrémités descendaient dans la mer. A l'est, il était encore très net sur une longueur de 40 mètres environ, avant le percement d'un chemin qui en a rogné une partie. Sa hauteur totale en ce point est de 2 mètres au-dessus du sol actuel. En cet endroit, il avait pour *vallum* le ravin assez profond de l'Irzer-Roumizga, dans le lit duquel on voit encore quelques blocs qui en proviennent. Nous ne pensons pas que, là du moins, sa hauteur totale ait dépassé 4 mètres. « Nous avions déjà relevé ce mur

---

1. P. 21. Conf. Cat, *Bulletin de Correspondance africaine*, I, p. 143.
2. Cf. notamment la description du rempart de Tipasa (Gsell, *Mélanges de l'École de Rome*, t. XIV, p. 324-329).

en 1886, dit M. Pallu de Lessert[1], mais nous n'y avions vu qu'une terrasse destinée à soutenir le massif sur lequel s'élevait la grande basilique. » C'est aussi ce qu'avait cru Vigneral[2].

Derrière la chapelle à crypte (lettre **K** de notre plan), nous avions constaté en 1888 les restes d'une tour, mais en 1894 nous ne les avons point retrouvés. En d'autres points indiqués sur notre plan les tranchées faites pour les rues et les conduites du village ont mis à jour le rempart, toujours facilement reconnaissable à son épaisseur et à sa construction. Enfin, depuis les tombeaux **G** jusqu'à la mer, à l'ouest, on a pu suivre le tracé avec certitude. En **H** se trouve une porte défendue par un système de bastions rectangulaires et de murs arrondis que nous n'avons pas pu reconnaître avec exactitude : une fouille étendue eût été nécessaire. Cette porte était celle par où passait la voie du littoral. Elle devait correspondre à une autre située entre les églises **I** et **K**, porte à laquelle appartenait peut-être la tour indiquée plus haut : la première pouvait porter le nom de porte *Cissitana*, la seconde celui de porte *Iomnitana*. Il devait en exister une troisième au sud, par où passait la route qui, traversant Cherfa, pénétrait dans l'intérieur. Un peu plus bas que la porte **H**, on voit, dans les rochers qui bordent la mer, des traces très nettes du rempart, que nous avons indiquées sur notre plan[3].

Nous avons dit que ce rempart paraît avoir été ruiné systématiquement; une observation faite précédemment[4] nous amène à croire que ce fut au temps du roi vandale Genséric (455-477).

L'enceinte byzantine. — « La seconde enceinte, dit M. Pallu de Lessert, est beaucoup plus récente. Elle appartient, à n'en pas douter, à l'époque byzantine. Les nécessités de la défense, la diminution et l'appauvrisssement de la population pendant le déclin de la puissance romaine, enfin l'occupation vandale obli-

---

1. Notes précitées.
2. *Op. cit.*, p. 22.
3. Point 4 du plan Vigneral, ainsi désigné : « énorme angle en blocage : la mer a ici gagné sur la terre ferme et emporté la plus grande partie de cette construction » (p. 24).
4. P. 66.

gèrent à restreindre beaucoup l'étendue de la ville. Le mur que
l'on construisit alors est debout sur presque tout son développement. Il est construit en gros blocs taillés superposés, sans
ciment, semble-t-il. Toutefois il n'est pas comparable, ni pour la
hauteur probable ni pour l'épaisseur, aux remparts de Tébessa
ou de Sétif. Souvent même il ne se compose que d'un seul rang
de pierres de taille.

« On avait suppléé à cette infériorité par le tracé plus savant
de l'enceinte, qui n'est guère qu'une suite de redans et de cour-
tines avec des portes étroites habilement défilées. Une de celles-ci
notamment a attiré notre attention [lettre L sur le plan]. Nous
l'avons déblayée et retrouvée presque intacte, avec d'énormes
gonds en pierre, faisant 0ᵐ,40 de saillie, destinés à supporter deux
battants qu'on tenait fermés au moyen de traverses mobiles. Les
blocs sur lesquels s'appuyaient ces battants sont encore en place.

« La hauteur de la porte, du seuil au linteau, est de 2ᵐ,25, la
largeur de 1ᵐ,56, l'épaisseur du mur 1ᵐ,06. »

Cette porte paraît d'ailleurs avoir été la principale. Les autres,
M, N, O, beaucoup plus étroites, n'étaient même, à vrai dire, que
des poternes.

Les endroits où le rempart byzantin est le plus visible sont
ses extrémités est et ouest. En ces deux points, le mur se prolonge jusque dans la mer, soit que celle-ci ait, comme on l'a dit,
empiété beaucoup sur les terres[1], soit que les ingénieurs d'alors
aient voulu empêcher que leurs défenses ne fussent tournées par
un ennemi hardi, la plage étant fort peu profonde en cet endroit.
Cette dernière hypothèse est si peu invraisemblable que nous
voyons les remparts modernes de Dellys et de Cherchel conçus
dans cet esprit[2].

1. Conf. Cat, *l. c.*, p. 139, et Vigneral, *l. c.*, p. 24. L'érosion de la falaise
est évidente, ici comme à Tipasa. Cependant nous ne croyons pas que le
littoral ait reculé de plus d'une vingtaine de mètres au maximum, depuis le
vᵉ siècle.

2. Dans la première de ces deux places, il paraît même qu'en 1871, bien
que le mur de l'est s'avance dans l'eau d'une quinzaine de mètres, quelques
Kabyles insurgés ont réussi à le tourner et à entrer dans la ville par cette
voie.

Du côté est, le rempart, écroulé le long de la falaise, laisse voir très nettement sa construction. Il a ici une épaisseur de $2^m,10$, et il est composé de deux parements en grosses pierres de taille, qui se rejoignent de temps à autre, mais le plus souvent laissent entre elles un intervalle rempli par de petits blocs très irréguliers. C'est là le mode de construction classique des Byzantins pour leurs fortifications africaines. En cet endroit, on compte neuf assises superposées, de $0^m,40$ à $0^m,50$ de hauteur moyenne.

Du côté ouest, le mur se prolonge également dans la mer et va rejoindre un petit rocher situé à une trentaine de mètres; la fondation est nettement visible; elle est solidement cimentée, et a $3^m,50$ de large. M. Barbier et les auteurs qui ont écrit après lui, ont fait de ces bouts de murs des jetées qu'ils ont prolongées bien au delà de leur longueur réelle[1].

Ce rempart offre quelques autres particularités curieuses : parmi les matériaux, nous avons remarqué quelques claveaux, et un certain nombre de pierres à bossages rudentés qui n'ont évidemment pas été mises là pour l'effet décoratif. Dans plusieurs endroits, les raccords des blocs se font mal; des pierres ont été entaillées pour en recevoir d'autres, ou posées tant bien que mal au détriment de l'horizontalité du joint. Dans une même assise, la hauteur varie souvent. Bref, tout montre que le travail a été fait hâtivement, avec des matériaux d'emprunt. Lorsque ceux-ci sont de belle dimension, c'est sans doute que l'architecte n'en avait pas d'autres sous la main.

Çà et là, nous avons trouvé quelques rosaces et monogrammes qui décèlent avec certitude l'époque chrétienne. Citons notamment une belle pierre de $1^m,25$ de long,

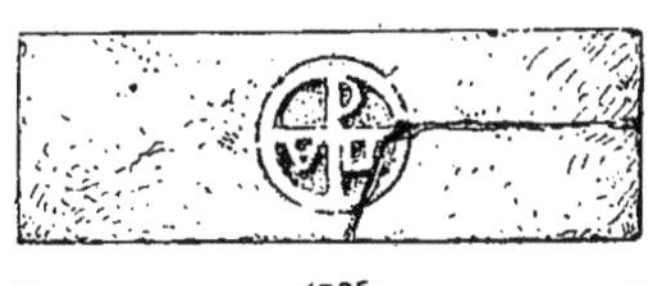

Fig. 19.

que nous reproduisons ci-contre (fig. 19), et qui semble avoir servi de linteau à la poterne O, près de laquelle elle a été trouvée.

---

1. Cinquante mètres, d'après Barbier (plan, lettre C) et Cat (*l. c.*, p. 143); quarante, d'après Vigneral (*l. c.*, p. 23-24, points D et G).

La forme de la croix monogrammatique, accostée de l'ω et de l'α, indique une époque plutôt avancée du v⁰ siècle ou la première moitié du vɪᵉ. Il n'est pas sûr du reste que cette pierre, avant d'être employée dans le rempart, n'ait point appartenu à quelque autre construction.

En tout cas, ce rempart est assurément postérieur à Genséric qui, on le sait, fit de presque toutes les cités africaines des villes ouvertes, et il est très vraisemblable de l'attribuer, comme le fait M. Pallu de Lessert, à l'époque byzantine, pendant laquelle tant d'ouvrages semblables, dus à l'initiative du pouvoir impérial ou des citadins eux-mêmes, s'élevèrent en Afrique. Le mode de construction rappelle, nous l'avons dit, les remparts byzantins datés avec certitude, et la disposition générale indique une con-naissance sérieuse de l'art des fortifications.

L'île et le port. — L'îlot qui se trouve en face de la presqu'île et qui lui a donné son nom moderne a certainement été rattaché à la côte par une jetée ou plutôt par une chaussée maçonnée, comme le montrent assez clairement les traînées de pierres de taille visibles sur les deux rives, mais la mer, qui ronge incessam-ment les falaises, a détruit cet ouvrage. Cependant le chenal est encore assez peu profond aujourd'hui pour qu'on puisse aller jusqu'à l'île sans perdre pied.

Cette jetée pouvait abriter suffisamment les navires, dans la belle saison, pour leur permettre de débarquer leur cargaison soit à l'est, soit à l'ouest, suivant le vent régnant. Mais, à vrai dire, il n'y a jamais eu à Tigzirt de port, au sens propre du mot. Cependant, les auteurs qui nous ont précédé ont voulu voir dans les remparts d'un côté, dans des roches naturelles de l'autre, des vestiges de jetées et les restes d'un havre qu'ils décrivent com-plaisamment[2]. Des roches stratifiées qui se dressent au nord et

---

1. M. Barbier imagine à l'ouest un grand port, abrité par une belle jetée formant un coude, de 170 mètres de longueur totale (!) par des fonds qu'il évalue à 16 mètres. Par malheur, il ne reste aucun vestige de ce travail cyclopéen, mentionné également par Vigneral (p. 24) et par Devaux (p. 338, d'après Barbier).

à l'ouest de l'île, semblablement à celles des caps Bengut et Tedlès, paraissent expliquer cette illusion.

Le vrai port était à quelques kilomètres de là, à l'est et au pied de la ville de Taksebt, au lieu dit Sidi-Khaled, port naturel d'ailleurs, dont les Romains ont dû, sans aucun doute, profiter, car c'est un des meilleurs de la côte [1].

L'île, actuellement encombrée de lentisques et de figuiers de Barbarie, sert de refuge à une foule de mouettes et de pigeons. Inhabitable à cause de ses pentes excessives, elle ne contient qu'une seule ruine : c'est, du côté qui regarde la terre ferme, une petite chambre très bien conservée, voûtée en plein cintre, large de 1m,70, longue de 3m,20, et dont l'entrée est tournée vers le sud. On devait avoir de ce point un beau panorama de la ville.

Nécropoles. — Pour les nécropoles, nous renvoyons à ce qu'en a dit Vigneral [2] et aux indications que nous avons nous-même données plus haut [3]. Nous mentionnerons seulement ici les fosses creusées dans un énorme bloc rocheux (G de notre plan), à gauche de la route nouvelle qui vient de Dellys et à quelques mètres seulement en dehors de l'enceinte romaine [4]. Ces tombes sont arrondies du côté de la tête et rétrécies à l'autre extrémité : peut-être y a-t-il là un souvenir des sépultures anthropoïdes usitées chez les Phéniciens [5]. Les dalles, qui les recouvraient et dont les scellements sont encore visibles, ont toutes disparu, et il est impossible d'assigner une date à ces cuves funéraires, dont le type se rencontre depuis l'époque punique jusqu'aux derniers temps du christianisme.

1. Gavault et Bourlier, *Revue africaine*, XXXVII, p. 134.
2. *Op. cit.*, p. 26.
3. P. 103.
4. Lettre K du plan de Vigneral, et p. 25.
5. Voir Perrot et Chipiez, *Histoire de l'art dans l'antiquité*, III, p. 178 et suiv. ; De Laigue, *Bulletin du Comité*, 1890, pl. XXIV ; etc.

TROISIÈME PARTIE

RUINES VOISINES DE RUSUCCURU ET VOIES ROMAINES

I

TAKSEBT

Chargé par M. le Ministre de l'Instruction publique d'explorer la grande basilique de Tigzirt, nous avons profité de notre dernier séjour dans cette localité (avril 1895) pour faire quelques recherches dans les ruines de Taksebt, distantes de 3 kilomètres seulement[1].

Taksebt, que nous avions déjà exploré en 1888, en compagnie de MM. Bourlier et Pallu de Lessert, est un village kabyle établi au milieu des restes très apparents d'une grande cité romaine.

---

1. Sur Taksebt, voir les auteurs suivants : Shaw, *Voyages dans plusieurs provinces de la Barbarie et du Levant* (traduction française de 1743), I, p. 110-111 (l'auteur anglais signale ce lieu par ouï-dire ; il sait qu'il s'y trouve des ruines importantes qu'il croit être celles de Rusippisir). — Carette, *Étude sur la Kabilie*, p. 173. — J. Barbier, *Revue africaine*, I (1856), p. 146. — Berbrugger, *Revue afr.*, I, p. 497 (lettre datée de Taksebt, sans aucune description : il en promet une à son retour). — Desvaux, *Les Kebaïles du Djerdjera* (1859), p. 337 (il confond Taksebt, qu'il nomme Sidi-Khaled avec Tigzirt, et il copie Barbier). — Vigneral, *Ruines romaines de l'Algérie*, p. 31-35 et planche XI, fig. 1. — Cat, *Bulletin de Correspondance africaine*, I, p. 142. — Mercier, *Bulletin du Comité*, 1885, p. 347. — Bourlier et Pallu de Lessert, *Revue de l'Afrique française*, IV (1886), p. 145, et *Comptes rendus de l'Académie des inscriptions*, 1886, p. 270. — Pallu de Lessert, *Bulletin des Antiquaires de France*, 1889, p. 181. — Enfin la notice que nous avons publiée nous-même avec M. Bourlier, dans la *Revue africaine*, XXXVII, p. 129-135 et fig. 7-11.

Juchée sur les pentes abruptes du cap Tedlès, dont le point culminant est à 250 mètres au-dessus du niveau de la mer, cette ville devait offrir peu d'analogie avec les colonies régulièrement alignées sur des terrains plans ou à peu près, comme était Pompéi. On se figure mal une voie décumane escaladant les rampes rocheuses à 45°, qui dévalent à pic depuis les sommets du promontoire jusqu'à la mer, formées par des strates parallèles redressées obliquement, comme à la pointe de Dellys. Ce sont ces mêmes roches rectilignes qui forment les récifs du cap, les remparts naturels de l'acropole au nord, et, à l'est, le petit mais excellent port de Sidi-Khaled, aujourd'hui abandonné, mais qui dans l'antiquité dépendait certainement de la ville.

Les édifices encore visibles de Taksebt sont les suivants :

1. *Le grand tombeau.* — Cette ruine, que l'on voit de Dellys même, a donné lieu aux fables les plus absurbes. Convaincus qu'un trésor y était caché, les indigènes l'ont en grande partie démoli ; ils ne paraissent pas d'ailleurs avoir découvert l'entrée de l'hypogée, qui doit se trouver verticalement au-dessous de la fausse porte de l'est, comme au Kebeur-Roumïa (mausolée de Juba II). Les gens du pays appellent cette ruine Souma-er-Roumi (le minaret du chrétien)[1]. Une bonne vue photographique en a été donnée dans *L'Algérie illustrée*[2], accompagnée d'une notice où le monument est qualifié de « phare » ou « d'observatoire »! Il avait déjà été ainsi baptisé par Vigneral[3]. Nous en avons publié une description accompagnée de plans et d'une restauration[4].

2. *Les thermes.* — On les reconnaît sans peine dans une série de murs en petit appareil et en briques, se coupant à angle droit, situés au pied de la colline, et que la rue principale du village traverse de part en part. Le tracé est très apparent; d'énormes blocs de béton gisent çà et là; plusieurs gourbis s'appuient sur

1. Cf. Carette, *op. cit.*, p. 173; Vigneral, *op. cit.*, p. 34.
2. Publication in-fol. de Leroux, photographe à Alger.
3. *L. c.*
4. *Revue africaine*, XXXVII, p. 132-133, et fig. 7-9.

les pans de murailles encore debout. On distingue quelques bassins, et, dans un endroit, deux ou trois pavages superposés
montrant que le niveau de la salle a été exhaussé successivement.

3. *Le temple.* — Nous désignons ainsi un vaste monument à
piliers, situé à l'ouest de la ville, et auprès duquel nous avons
déterré en 1888 un grand nombre de stèles, dont quelques-unes
de pur style punique. Ces stèles, toutes anépigraphes, seront
étudiées plus loin avec plus de détail [1].

4. *La porte.* — Nous n'avons pas trouvé de destination précise
à attribuer à ce fragment d'édifice demi-circulaire, que nous
avons publié précédemment [2]. Rappelons seulement que c'est
dans ces ruines que se trouve encore l'inscription : *Posita VI
idus...,* etc. [3].

5. *L'acropole.* — Nous appelons de ce nom la partie extrême
de la ville au nord-est. Ce n'est pas le point le plus élevé du cap,
mais c'est le plus fort au point de vue défensif. C'est aussi le seul
endroit où le tracé du mur d'enceinte soit nettement visible.
Cette citadelle contenait deux églises; de l'une il ne reste que
trois arcades ; c'est la plus petite et la plus au nord. Nous l'avons
déjà décrite [4]. L'autre, séparée de celle-ci par une arête rocheuse,
est la basilique qui fera l'objet des pages suivantes.

La seule chose que l'on vît avant notre exploration, en arri-
vant par le sentier qui débouche sur l'acropole, c'était un grand
pilier en pierres de taille, haut d'environ 5 mètres, et qui se
dresse isolé à l'est de l'esplanade. Tout le reste du bâtiment avait
entièrement disparu, et il était permis dans ces conditions d'hésiter sur sa destination. Cependant, nous basant sur le style de la
console encore en place, nous avions conclu dès lors à une église [5],

---

1. Voir *Troisième partie, chapitre* III. Les stèles de Taksebt ont été men-
tionnées par M. Pallu de Lessert, *Bull. des Antiquaires de France,* 1889, p. 181.
2. *Revue africaine,* XXXVIII, p. 131, fig. 11, n° 1 (ruine située au-dessus
et à l'est du champ des stèles).
3. *Bull. des Antiquaires,* 1889, p. 182, n° 13.
4. *Revue africaine,* XXXVIII, p. 130, fig. 10.
5. *L. c.,* p. 130. Vigneral (p. 32) était disposé à voir dans ces vestiges un
temple.

et l'étude récente que nous avons faite a pleinement confirmé cette hypothèse.

En contact immédiat avec le fond de cet édifice se voient les ruines du rempart romain, formé, comme la plupart des constructions militaires africaines du Haut-Empire[1], de deux rangées de moellons bien alignés, réunis par du mortier. La disposition des lieux (conf. notre fig. 20) prouve même que la partie postérieure de notre église a été établie sur une brèche du rempart, que l'on a réparée ensuite d'une façon barbare avec un ramas confus de pierres d'appareil varié, mal maçonnées et empruntées évidemment à des constructions antérieures. Dans cette réparation, on a dû naturellement tenir compte de l'existence de l'église, et faire décrire, par conséquent, au mur d'enceinte ainsi restauré une courbe, puis un crochet correspondant à l'abside et à l'angle du fond du bas-côté gauche. La brèche existait-elle quand on a construit l'église, ou a-t-on démoli le rempart pour faire la basilique plus grande? La première hypothèse est de beaucoup la plus vraisemblable : on n'eût pas pris la peine de détruire un mur énorme, dur et solide comme le roc lui-même, pour lui substituer une mauvaise maçonnerie, tandis qu'il suffisait de reporter la façade quelques mètres en avant pour laisser la même longueur à l'édifice. Il devait donc y avoir dans l'enceinte à cet endroit une large solution de continuité : on a du même coup construit le fond de la basilique et bouché la brèche.

La besogne que nous avons fait exécuter a consisté simplement dans un débroussaillement général complété par quelques sondages. Cette opération, qui a duré cinq heures, nous a permis de lever le plan et de retrouver quelques fragments d'architecture et une petite partie de la mosaïque. Quant au déblaiement, on peut dire qu'il a déjà été fait. Sur ce point élevé, les alluvions naturelles sont à peu près nulles, et pour ce qui est des matériaux, presque tous ont été enlevés par les indigènes pour construire les demeures environnantes. Depuis 1888, deux nou-

---

1. Conf. plus haut, p. 106.

BASILIQVE DE TAKSEBT
N   S
5 M.
REMPART ROMAIN
CVLTVRES
A
S
M
REMPART
E
P
GOVRBIS
AIRE à BATIRE
P. Gavault del.
B & K Sc.

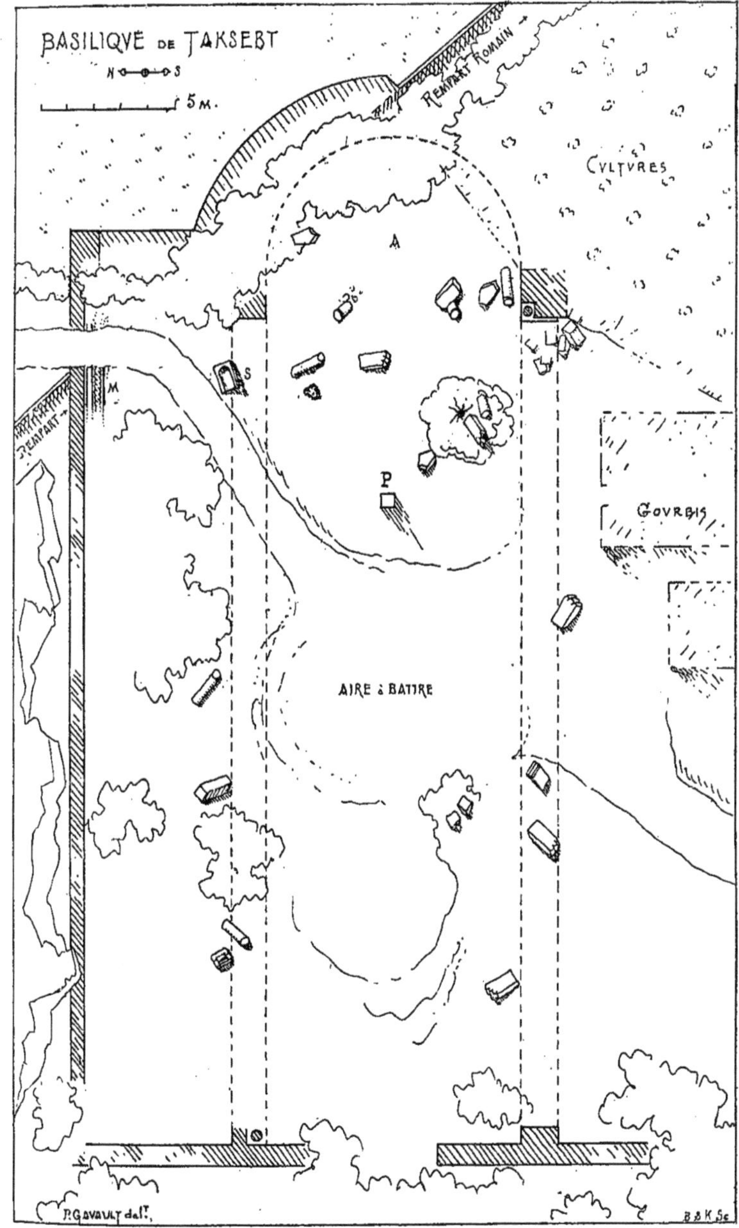

Fig. 20.

veaux gourbis se sont élevés sur l'emplacement même de l'é-
glise ; nous les avons indiqués sur le plan. Il ne reste donc plus
que bien peu de chose à retrouver. Pour découvrir quelques
fondations et relever la mosaïque, qui doit être assez bien conservée, un déblai d'une centaine de mètres cubes eût été nécessaire. Nous n'avions ni le temps ni les moyens d'entreprendre
ce travail, tout intéressant qu'il fût.

Tout ce que nous avons pu déterminer en l'état, c'est la longueur totale hors œuvre (38 mètres), la longueur des nefs
($30^m,50$), la largeur approximative du vaisseau ($9^m,20$) et du bas-
côté gauche ($4^m,30$).

Nous ignorons en combien de travées se divisait la nef centrale ;
mais, d'après le nombre des consoles, leur emplacement, et surtout par comparaison avec Tigzirt, nous supposons qu'il y en
avait dix, de $2^m,75$ chacune.

Ces consoles ou plutôt ces *dosserets* constituent la partie la plus
curieuse de l'édifice. Nous avions déjà publié celui qui surmonte
le pilier encore en place[1] ; nous donnons aujourd'hui (fig. 24) le
profil de deux autres. On pourra constater en les comparant que
le motif est le même dans l'ensemble, mais que le détail en est
traité avec une certaine variété. C'est là un principe qui est bien
dans l'esprit de l'art chrétien d'Afrique. A Tigzirt, les dosserets
sont entièrement différents les uns des autres, à ce point que
les uns sont décorés d'ornements géométriques, et les autres de
figures.

Ayant discuté la question du rôle constructif de ces dosserets
dans la première partie de notre mémoire[2], nous n'avons pas à
y revenir. Nous donnerons seulement, fig. 24, n° 6, une vue latérale (prise du point A de notre plan) du pilier qui a conservé ce
dosseret. lequel surmonte, à n'en pas douter, une colonne cantonnée, car un fragment de celle-ci, le bas, gît au pied[3]. Si les

1. *L. c.*, p. 130, fig. 11.
2. Voir p. 25 et suiv.
3. Cette vue latérale complète la vue de face donnée par nous dans la *Revue
africaine*, *l. c.*, fig. 11.

dosserets étaient placés ici comme à Tigzirt, ils devaient surmonter des doubles colonnes et être posés *perpendiculairement*

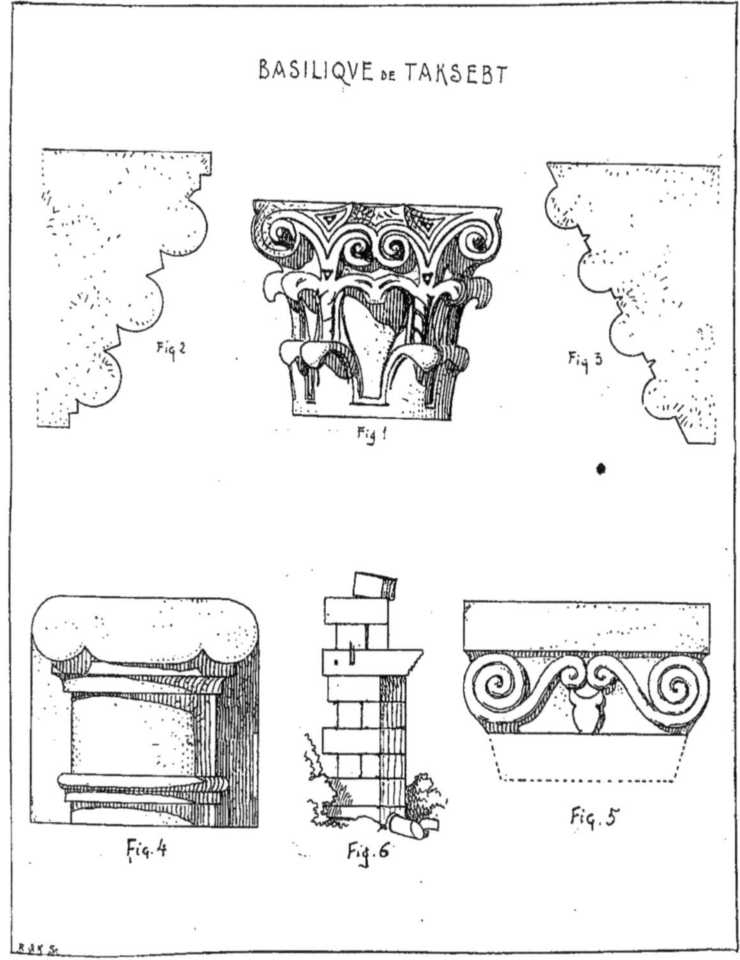

Fig. 21.

à l'axe. Mais celui du pilier est en sens inverse, c'est-à-dire
parallèlement à l'axe.

Remarquons aussi que les dosserets trouvés à terre sont moins longs que ceux de Tigzirt. Voici en effet les dimensions moyennes comparées :

	Hauteur d'assise.	Largeur.	Longueur maxima (prise dessus).
Taksebt.	$0^m,55$	$0^m,70$	$1^m,00$
Tigzirt.	0, 40	0, 50	1, 20

La longueur de 1 mètre paraît faible pour coiffer deux colonnes accouplées, tandis qu'en revanche la largeur paraît, dans la même hypothèse, exagérée. Tous les supports étaient-ils donc constitués, comme dans quelques basiliques coptes du vi⁰ siècle, par une série de gros piliers à colonnes cantonnées ? En ce cas, la basilique de Taksebt, si analogue à première vue à celle de Tigzirt, en différerait beaucoup comme parti constructif. Quoi qu'il en soit, il serait prudent d'attendre une fouille plus complète pour hasarder une hypothèse.

Voici maintenant quels sont les matériaux retrouvés au cours de nos recherches :

1° Divers morceaux de colonnes, de $0^m,33$ à $0^m,38$ de diamètre.

2° Cinq dosserets ; les profils de deux d'entre eux sont reproduits fig. 24, n⁰ˢ 2 et 3.

3° Chapiteau de demi-colonne engagée, d'ordre ionique, d'un travail très médiocre. Même figure, n° 4.

4° Intéressant chapiteau corinthien, recoupé par derrière pour être adossé : ce qui prouve qu'il a été réemployé. Même figure, n° 1.

5° Claveau d'un départ d'arcade.

Dans notre plan de cette église, nous avons indiqué par la lettre P un pilier isolé, paraissant en place, au milieu de la nef ; par la lettre S un sarcophage brisé ; enfin par la lettre M une bordure de mosaïque, en place, faisant partie du pavage, et se composant de bandes rouges et noires et d'une tresse à quatre brins, alternativement rouges et verts.

Dans la rue qui monte à l'acropole, deux chapiteaux recoupés, paraissant provenir de la basilique, sont encastrés dans le mur d'une maison. L'un d'eux est reproduit, figure 24, n° 5.

II

RUINES DE CHERFA

On désignait autrefois les restes de Rusuccuru sous le nom de
« ruines de Cherfa », parce que Cherfa est le village indigène le
plus rapproché. « Tigzirt, dit Carette, est le port de Cherfa ».
Mais il existe aussi aux environs du centre kabyle un certain
nombre de groupes que Carette et Vigneral ont signalés, sans
les décrire suffisamment et qu'il n'est pas toujours facile d'iden-
tifier aujourd'hui.

Voici ceux que nous avons vus nous-même :

Taouent-Harb[1], à côté du nouveau chemin de Tigzirt à Cherfa.
— Ferme romaine. Bâtiment de 12 mètres sur 10 environ, divisé
en deux pièces par un mur de refend. Plusieurs piliers sont
debout. Dans un angle, on distingue une porte avec ses piédroits
et son linteau; dans la même pièce est un bassin proprement
taillé, de 0^m,80 sur 1 mètre intérieurement, placé diagonalement
par rapport aux murs. Plusieurs pierres sont à bossages.

Le bâtiment avait quelques dépendances : l'ensemble des
ruines couvre une surface de 300 mètres carrés environ.

Plus près de Tigzirt, sur la même route, à l'embranchement de
trois chemins, il y a un groupe de gourbis, ancien hameau kabyle exproprié, appartenant maintenant aux colons. Au centre
est un grand rocher de 4 à 5 mètres de long, dont la face supérieure, presque horizontale, est taillée pour servir de pressoir à
olives. Le plateau de dessus est ovale, avec un léger rebord, en
pente vers l'extrémité pourvue d'un canal étroit. Au centre est
un trou circulaire. Ce pressoir primitif n'a pas d'âge déterminé.
Cependant les gens du pays considèrent les installations de ce

---

1. Il semble que ce soit la ruine appelée par Vigneral *Takeçerit* (*Ruines
rom. de l'Algérie*, p. 28).

genre comme fort anciennes, et affirment qu'on les utilise depuis un nombre infini de générations.

Bou-Habassa, à 500 mètres du village au sud. — Un certain nombre de pierres taillées dans un champ; on distingue deux ou trois alignements de murs. Plusieurs pierres sont décorées de bossages; il y en a de fort grandes. L'une d'elles est creusée d'un trou en queue d'aronde de 0ᵐ,20 sur 0ᵐ,30, qui semble avoir reçu l'about d'une poutre[1]. C'est un débris de pressoir.

Ima-Hadjeren (l'endroit des pierres)[2]. — Rangée de cinq bassins grossièrement taillés chacun dans une seule pierre. Au-dessus, pierre ayant servi de plateau de pressoir. Cet ensemble devait être couvert d'une toiture : il reste deux des piliers qui la soutenaient.

Bordj-Messoria[3]. — Trois groupes de ruines, dont le plus important est un mur de 20 à 30 mètres de long. Ces ruines sont au-dessous de Cherfa, sur le versant ouest de la vallée de l'Irzer-Kermos.

III

STÈLES TROUVÉES A TIGZIRT, A TAKSEBT ET AUX ENVIRONS

Nous avons étudié plus haut[4] un certain nombre de stèles votives, trouvées à Tigzirt, dans les fouilles de la grande basilique. D'autres ont été recueillies sur divers points de Tigzirt, à Taksebt et dans la région. A Tigzirt, la découverte la plus

---

1. Une pierre de cette forme est signalée par Vigneral à 2,500 mètres à l'*est* de Cherfa. L'orientation et l'appréciation des distances sont souvent difficiles dans ces pays accidentés.
2. Carette, p. 163; Vigneral, p. 20.
3. Carette, *ibid*. Peut-être l'Iril-el-Louz de Vigneral (*op. cit.*, p. 28).
4. P. 84 et suiv., fig. 13.

intéressante à cet égard a déjà été mentionnée[1]. C'est celle d'une conduite d'eau romaine, située à une quinzaine de mètres du chevet de la basilique, dans la direction de la chapelle à crypte. Le radier et le dessus étaient entièrement formés de stèles votives, dont les unes avaient été martelées ou repiquées et dont les autres étaient intactes. On en a extrait jusqu'à présent une vingtaine environ. A Taksebt, la plupart des stèles ont été trouvées près de la ruine que nous avons désignée sous le nom de temple[2]. D'autres ont été apportées des environs par les indigènes. Toutes ces stèles sont actuellement disposées soit au petit temple antique de Tigzirt, soit dans la maison de l'Administration[3]. Elles ne sont malheureusement pas classées par provenances et nous n'avons pas pu avoir de renseignements complets à cet égard, sauf en ce qui concerne celles qui ont été trouvées tout récemment dans la conduite d'eau voisine de la basilique de Tigzirt.

Nous pouvons cependant affirmer que les stèles qui portent les n°s 1, 2, 3 et 4 de notre fig. 22 viennent du sanctuaire de Taksebt. D'un relief peu accusé, elles ont un aspect plus archaïque que les autres et se rattachent à l'art punique. Les figures 1 et 2 (de celle-ci, il ne reste que le bas) représentent-elles cette image de la divinité, que l'on voit sur tant de stèles du nord de l'Afrique : par exemple, les stèles puniques de Carthage, les stèles néopuniques de Constantine, les stèles à symboles puniques, mais à inscriptions latines, de Tubernuc, etc. ? Ou bien faut-il y voir un orant, dessiné d'une manière très rudimentaire? Nous penchons pour la seconde hypothèse, plus vraisemblable si l'on compare ces stèles avec celle que reproduit notre n° 3 et dans laquelle on doit certainement reconnaître un orant. La stèle représentée n° 4 nous montre, au-dessous d'un fronton, une rosace, puis, dans deux cadres symétriques, une am-

1. P. 86.
2. P. 115.
3. Nous avons vu une stèle, provenant de Taksebt, chez M. Lacour, directeur de l'École des Arts et Métiers de Dellys.

phore, qui est sans doute censée contenir quelque offrande, et un

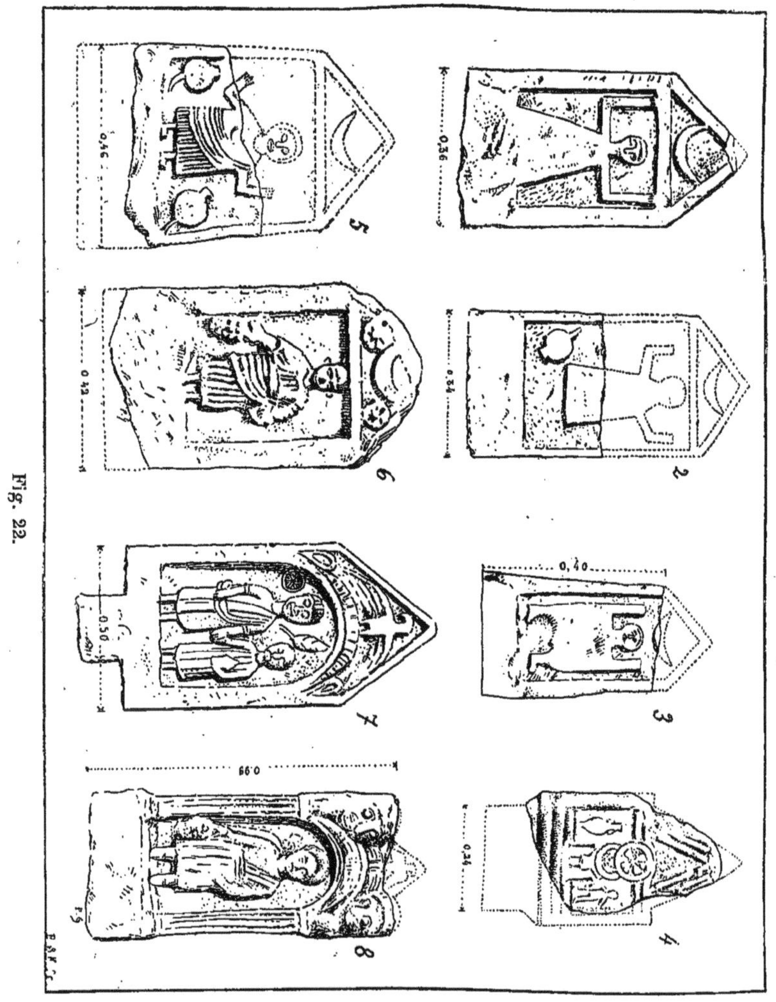

Fig. 22.

petit personnage; entre ces deux cadres un objet très peu distinct, peut-être un autel.

Les autres stèles se ressemblent toutes plus ou moins, si bien qu'il n'importe guère qu'elles proviennent de Tigzirt, de Taksebt ou du voisinage, car elles paraissent toutes être à peu près de

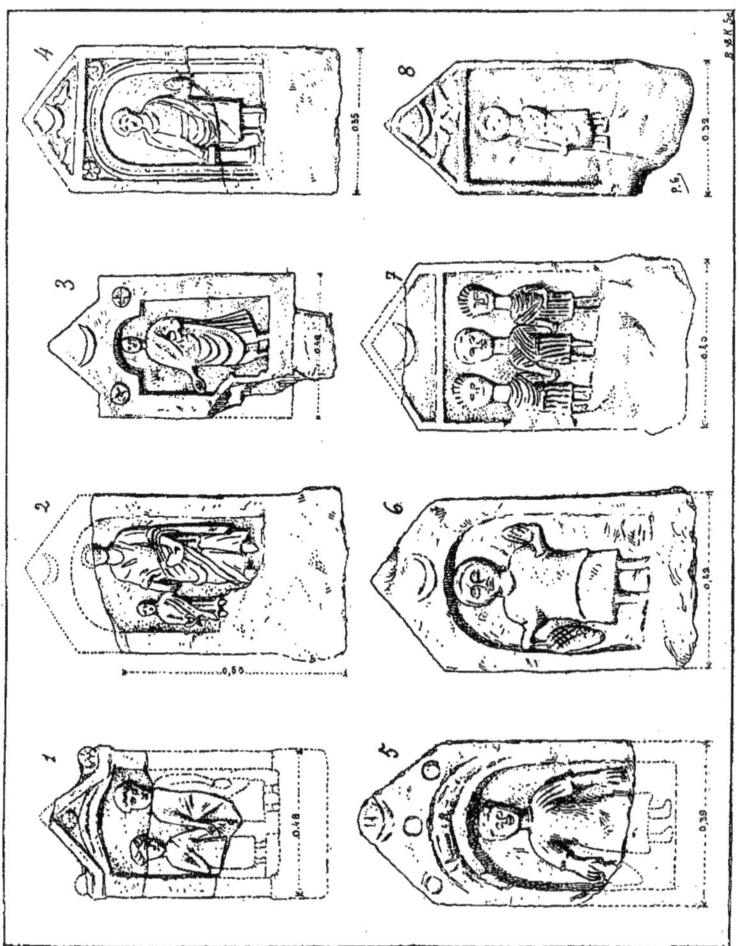

Fig. 23.

la même époque et probablement des mêmes ateliers. Nous ne croyons pas nécessaire de décrire en détail ces monuments, qui, avec ceux que l'on a recueillis dans la basilique, atteignent le nombre de près de cinquante[1]; nous en donnons seulement des spécimens fig. 22, nᵒˢ 5-8, et fig. 23.

Ces stèles sont en pierre calcaire, d'une hauteur de 0ᵐ,70 à 1ᵐ,10, d'une largeur de 0ᵐ,32 à 0ᵐ,50. Le bas, fiché en terre, a été à peine dégrossi, ou bien muni d'un tenon. Le sommet présente en général une forme pointue.

La partie supérieure est vide ou ornée de symboles, qui sont:

Le croissant de la lune, les cornes toujours en haut, et parfois flanqué de deux fleurs ou de deux oiseaux;

Le croissant de la lune, surmonté d'une pomme de pin;

Plusieurs fleurs en forme de rosaces, disposées symétriquement;

Une feuille de lierre;

Une fleur de lotus;

Un aigle, posé sur une guirlande (fig. 22, nᵒ 7);

Une aigle entre deux rosaces;

Un aigle posé sur une guirlande; au-dessous, une autre guirlande, et, de chaque côté, un lion;

Deux mufles de lion, l'un à droite, l'autre à gauche; le sommet, qui manque, a pu être occupé par un aigle (fig. 22, nᵒ 8);

Deux lions vus de face.

Les personnages sont placés dans une niche, généralement cintrée en haut, quelquefois dans une sorte d'édicule, formé par deux piliers qui supportent un fronton ou une arcade. Il y a souvent plusieurs figures : un homme et une femme, un père ou une mère avec un ou deux enfants, trois enfants, quatre femmes. Le costume des hommes est la toge ou bien un manteau recouvrant une tunique longue et ramené sur l'épaule gauche[2]. Les femmes portent une robe généralement serrée dans une ceinture et, par-dessus, soit un châle jeté sur les deux épaules ou disposé en écharpe, soit un manteau qui, d'ordinaire, ne couvre ni l'épaule droite, ni la poitrine. Elles n'ont généralement pas la tête,

---

1. Ce nombre pourrait être sans doute facilement accru, si l'on déblayait complètement la conduite.

2. Parfois ce manteau est drapé à peu près comme une toge romaine.

voilée. Les enfants ne portent quelquefois qu'une simple tunique. Ces personnages tiennent le plus souvent une grappe de raisin, assez fréquemment un fruit rond, ou une pomme de pin, rarement un gâteau pyramidal ou une guirlande (de la forme de celles qui figurent sur le morceau de fronton reproduit fig. 8. n° 3). Sur plusieurs stèles, se voit un homme versant un grain d'encens sur un petit autel. Une autre nous montre un homme en toge, amenant (sans, doute à un autel, qui n'est pas figuré) un animal que nous croyons être un bélier. Sur le fond d'une stèle, est gravé, d'un trait léger, le croissant de la lune placé sous un disque, symbole qui apparaît sur tant de monuments puniques. Sur d'autres (fig. 23, n°s 5 et 7), les personnages sont flanqués de deux grenades, d'une rosace, d'une palme.

Les sculptures de ces stèles présentent presque toutes un relief très accusé. Comme la plupart des monuments africains de ce genre, elles sont d'un art misérable: les poses sont gauches, le dessin incorrect, les physionomies hébétées ou rébarbatives, les yeux et les bouches énormes.

Aucune inscription n'a été gravée sur ces ex-voto ; mais, d'après leur facture et la coiffure de certaines femmes, qui rappelle celles des impératrices de la dynastie des Sévères, ils paraissent appartenir, d'une manière générale, à la première moitié du troisième siècle.

Le symbole fréquent de la pomme de pin et les images de lions semblent indiquer qu'ils étaient destinés à être placés dans des sanctuaires du grand dieu africain, Saturne, dont l'image n'apparaît cependant nulle part: sur la côte de la Maurétanie, l'art n'est point passé à cet égard du symbolisme à l'anthropomorphisme, comme il l'a fait ailleurs, par exemple près de Carthage, au nord de l'Aurès et dans la région de Sétif. Nous avons du reste indiqué plus haut[1] les raisons qui nous font croire que la grande basilique de Tigzirt a été élevée sur l'emplacement d'un sanctuaire de Saturne. Le symbole de l'aigle qui apparaît plusieurs fois sur nos stèles mérité d'être noté.

1. P. 86.

IV

LES VOIES ROMAINES

Route de l'intérieur vers Saldae. — Vigneral signale dans son ouvrage une série de groupes qu'il nomme en s'éloignant vers l'intérieur : Igueur-en-Saïd, Ichenoukhen, Igounan, Iril-Aïden, etc. Ces ruines déterminent de la façon la plus nette la voie de pénétration allant rejoindre la vallée du Sebaou. Nous n'avons pas suivi cette route au delà de Cherfa et de ses environs immédiats ; mais ce que nous en avons vu a suffi pour nous convaincre de son existence et nous nous étonnons qu'on ait pu nier même sa possibilité[1].

Cette voie est celle qui nous est ainsi donnée par les Itinéraires :

Table de Peutinger.	*Itinéraire d'Antonin.*
Rusuccuru, colonia.	Rusuccuro.
XII	XII
Tigisi.	Tigisi.
XXXII	XXVII
Syda, municipium.	Bidil, municipium.
XL	XL
Ruzai, municipium.	Tubusuptus.
XXV	XVIII
Saldas, colonia.	Saldis, colonia.

Sans retomber dans les interminables discussions auxquelles ont donné lieu les diverses stations de cette route, nous croyons devoir soumettre au lecteur l'état actuel de la question[2]. Deux points sont hors de doute et prouvés par de nombreuses inscrip-

1. Cat, *Maurétanie Césarienne*, p. 100, l. 1-3.
2. Voyez surtout Mercier, *Bull. du Comité*, 1885, p. 351 et suiv., et Cat, *Maurétanie Césarienne*, p. 104 et suiv. — Dans tout ce qui suit, nous supposons que le lecteur a sous les yeux la carte de Vigneral, la seule qui puisse être consultée sur cette région.

tions; ce sont les points extrêmes de la route, Tigzirt (ou Taksebt) et Bougie. En outre, Tubusuptus est certainement Tiklat. Tigisi était généralement placé à Taourga, lorsque Dellys passait pour être Rusuccuru. A vol d'oiseau, Taourga est bien à 12 milles de Tigzirt comme de Dellys; mais comment admettre que la route allât faire ce grand détour, pour revenir ensuite sur ses pas? Nous placerions plutôt Tigisi dans la région de *Tizi-Ouzou* dont le nom, on l'avouera, se rapproche assez du topique romain [1].

La plupart des auteurs ont admis que Syda et Bidil, tous deux municipes, étaient une seule et même station, le Bida des listes épiscopales. Nous nous rangeons volontiers à cette opinion, d'autant qu'il est difficile d'admettre beaucoup de villes rapprochées sur une route aussi courte. Bida serait, d'après les auteurs, Djemâa-Saharidj, où l'on a trouvé des ruines très importantes.

Entre Bida et Saldae, il paraît nécessaire d'admettre une bifurcation de la route. On a d'ailleurs reconnu avec certitude une route romaine entre Bougie et le pic de Toudja, et il en existait certainement une autre le long de l'oued Sahel. Pour ces raisons, M. Mac Carthy et d'autres après lui ont été amenés à placer Ruzai à Ksar-en-Kebouch ou à Taourirt-Iril. C'est à cet endroit que la route se serait bifurquée.

On remarquera en passant que les distances des routiers antiques ne peuvent pas être d'un grand secours pour ces identifications, puisque, pour l'ensemble de la route, ils accusent l'un 109, l'autre 97 milles.

Route de l'intérieur vers Calama. — Cette route, indiquée comme partant de Rusuccuru, se dirigeait vers le sud-ouest et aboutissait à Calama (Damous, sur la Tafna?). Voici les premières stations qu'indique l'Itinéraire d'Antonin, à partir de Rusuccuru :

Rusuccuro colonia.

XII

---

1. Nous n'ignorons pas que la valeur de ces ressemblances est très relative.

Rapida castra.

XVI

Tamariceto praesidio.

XVI

Tamaramusa castra.

XVI

Velisci.

XV

Sufasar.

Sufasar est Amoura sur le Chélif[1]; quant aux autres stations, elles n'ont pas pu être identifiées. Ces 75 milles indiqués entre Rusuccuru et Sufasar sont insuffisants : il faudrait lire 115 environ. On doit donc supposer soit que les distances marquées sont inexactes, soit que plusieurs stations ont été omises, soit qu'il y a eu erreur dans les noms indiqués. Nous serions quelque peu disposé pour notre part à corriger *Rusuccuro* en *Rusguniæ*[2]. Nous ne donnons du reste cette hypothèse que pour ce qu'elle vaut.

Route du littoral. — A l'est, entre Rusuccuru et Saldae, voici les stations indiquées :

Table de Peutinger.	*Itinéraire d'Antonin.*
Rusuccuru, colonia.	Rusuccuro, colonia.
XXVIII	XVIII
Iomnio, municipio.	Iomnium, municipium.
XLII	
Rusippisir, municipio.	XXXVIII
XXIII	
Rusazu, municipium.	Rusazïs, municipium.
XXV	XXXV
Saldas, colonia.	Saldis, colonia.

L'identification de ces stations a donné lieu à d'innombrables

---

1. Cat, *Maurétanie*, p. 187.

2. La confusion est facile entre ces noms dont la syllabe initiale est la même, et cette idée nous est venue en regardant la carte, si parfaite pourtant, du Service topographique, sur laquelle les ruines de Matifou sont intitulées « ruines de Rusicada ». Voilà certes une erreur, dans un document officiel, qui vaut bien celle que nous attribuons au routier romain.

dissertations et à de longues polémiques, que nous jugeons inutile de rappeler ici. Toutes les opinions de Berbrugger, Mac-Carthy, Fournel, Mercier, Cat, etc., sont, croyons-nous, de nulle valeur aujourd'hui, puisqu'elles étaient basées sur un point de départ que nous jugeons faux, à savoir l'identité de Rusuccuru avec Dellys. Deux solutions semblent seules admissibles : celle de Mommsen et Kiepert, qui place Rusuccuru à Tigzirt, Iomnium à Taksebt[1], — et celle de M. Pallu de Lessert qui fait de Tigzirt et de Taksebt un seul et même groupe sous le nom unique de Rusuccuru[2]. Cette dernière opinion, la plus récente, est basée sur les inscriptions découvertes dans les deux localités. Elle nous paraît être la seule qui concilie les exigences, contradictoires en apparence, des divers documents antiques.

Comme l'a fait remarquer Mommsen[3], Azeffoun ou Port-Gueydon, où l'on trouve des ruines importantes, semblent bien avoir été un municipe dont le nom a commencé par la syllabe *Rus*. Cela résulte d'une inscription bien connue, trouvée dans un castellum dont les ruines se rencontrent au sud du cap Corbelin, et qui dépendait évidemment du territoire d'Azeffoun.

Comparons maintenant les données que nous fournissent la Table et l'Itinéraire. La première indique, entre Rusuccuru et Saldae, un total de 118 milles (175 kilomètres), l'Itinéraire 91 milles seulement (135 kilomètres). La différence est grande, on le voit; mais, dans le premier des deux routiers, il y a une erreur qui saute aux yeux. Il est impossible effectivement qu'entre deux stations d'une route si fréquentée, sur une côte si peuplée, il y ait eu 42 milles = 62 kilomètres ! Il est certain pour nous que le copiste aura écrit XLII pour XVII, erreur bien facile à commettre pour peu que le jambage droit du V soit un peu trop incliné. Cette correction réduit la distance à 93 milles (138 kilomètres), ce qui est à 2 milles près le total donné par l'Itiné-

---

1. Au *Corpus*, p. 766 et carte. A vrai dire, Mommsen est très peu affirmatif pour Iomnium.
2. Voir plus haut, p. 2.
3. *C. I. L.*, p. 765.

raire. Cette coïncidence nous paraît un argument en faveur de l'exactitude de notre correction. En veut-on un second ? Que l'on additionne les chiffres corrigés de Peutinger entre Iomnium et Rusazu on trouvera 40, soit à 2 milles près le chiffre de l'autre routier. Restent comme différence les distances Rusuccuru-Iomnium (XXVIII et XVIII) et Rusazu-Saldae (XXV et XXXV). Il semblerait qu'il y ait eu là une interversion d'un chiffre X, retranché de l'un des deux côtés et ajouté de l'autre pour établir la compensation. Mais auquel des deux routiers faudrait-il imputer cette erreur ? L'inspection de la carte peut seule nous aider à résoudre la question.

La distance à vol d'oiseau de Tigzirt à Bougie est de 80 kilomètres. Mais dans ce pays de montagne la route devait faire de nombreux détours ; *a priori* les 91 milles ou 135 kilomètres de l'Itinéraire ne sont donc pas invraisemblables. Examinons la question par le détail.

Si nous acceptons les 28 milles de Peutinger entre Rusuccuru et Iomnium, cela nous mène à peu près exactement à Azeffoun ; mais Azeffoun ne pouvant être, suivant l'inscription signalée plus haut, que Rusazu ou Rusippisir, cette solution doit être rejetée, et il faut prendre le chiffre d'Antonin, 18 milles, qui nous mène aux groupes de ruines serrés et assez importants qui s'étendent entre Erhouna et Méléta (acropole, port et baies). Nous n'avons pas vu ces ruines, mais les descriptions de Vigneral et les indications de la carte du Service topographique permettent de croire qu'elles sont assez considérables [1].

Plaçant en ce point Iomnium et reprenant les 17 milles de Peutinger corrigé, pour atteindre Rusippisir, nous tombons au plateau d'Azeffoun, et nous assimilons ces deux localités l'une à l'autre, comme l'avait déjà fait le capitaine Devaux.

De Rusippisir à Rusazu, la Table donne 23 milles, ce qui ne nous mène en aucun point habité à l'époque antique. Cependant

---

1. Vigneral, p. 71 ; Mercier, *Bull. du Comité*, 1886, p. 349.

il existe, à 24 kilomètres à l'est d'Azeffoun, des ruines et un port (Mersa Ksila) où nous inclinerions à placer Rusazu[1].

De Ksila à Bougie, il n'y a plus aucune ruine le long de la côte, trop abrupte pour que la voie romaine n'ait pas évité ce massif inabordable, qui porte le nom de Cap Sigli, en allant rejoindre par les vallées le col de Toudja. De Toudja à Bougie la route romaine est d'ailleurs à peu près connue[2]. La distance de Ksila à Bougie par une route ainsi tracée ne serait pas moindre d'une cinquantaine de kilomètres, ce qui concorde bien avec les 35 milles indiqués par l'Itinéraire.

En résumé, en prenant comme bonnes *toutes les distances* d'Antonin, on arrive, sauf des différences peu importantes, aux identifications suivantes :

Tigzirt et Taksebt = Rusuccuru, municipium et colonia.
Méléta = Iomnium.
Azeffoun = Rusippisir.
Ksila = Rusazu.
Bougie = Saldae.

À l'ouest de Rusuccuru, les stations les plus voisines indiquées sur les routiers sont :

Table de Peutinger.	*Itinéraire d'Antonin.*
Rusuccuru, colonia.	Rusuccuro, colonia.
XII	XII
Cissi, municipio.	Cisi, municipium.
XXII	XII
Rusibricari Matidi(a)e.	Rusubbïcari.
	XXIIII
[le reste manque]	Rusguniae, colonia.
	XV
	Icosium, colonia.

Ainsi que tout le monde le sait, Rusguniae répond au cap Matifou et Icosium à Alger. Étant donné que Rusuccuru se

1. Vigneral, p. 131.
2. Vigneral, p. 142, 159.

trouve à Tigzirt et Taksebt, il faut placer le municipe de Cissi
à Dellys, comme l'ont fait MM. Mommsen et Kiepert[1], bien que
la distance indiquée soit trop faible : on compte en effet 26 kilomètres de Tigzirt à Dellys. On ne rencontre pas de ruine étendue
entre ces deux points ; au contraire, Dellys était une ville importante à l'époque romaine[2]. Quant à Rusibricari, on s'accorde à
placer ce lieu à Mers-el-Hadjadje[3] ; la distance indiquée sur la
Table entre Cissi et Rusibricari est exacte, et il faut ajouter un
X au chiffre de XII milles de l'Itinéraire ; quant à la distance
marquée sur l'Itinéraire entre Rusibricari et Rusguniae, elle
correspond à la réalité.

1. *C. I. L.*, p. 974. Et non à Mers-el-Djinet, ruine située à 16 kilomètres
à l'ouest de Dellys et à 17 au nord-est de Mers-el-Hadjadje, qui est Rusibricari (voir plus loin). Cette identification, que nous croyons erronée, a été pro-
posée par divers auteurs, par exemple par De Vialar, *Africa* (*Bulletin de la
Société de géographie d'Alger*), 1880, p. 34 ; Cat, *l. c.*, p. 49, et Mercier, *Bull.
du Comité*, 1855, p. 345.

2. Voir, sur les restes de l'époque romaine à Dellys, Gavault, dans le *Bulletin du Comité*, 1895, p. 132.

3. Cat, *l. c.*, p. 117 ; Mercier, *l. c.*, p. 345.

TABLE DES PLANCHES ET DESSINS

TABLE DES MATIÈRES

FIN